Betriebsrat

dtv
nomos

n-tv Service
Recht

Rechtsgrundlagen ihrer Betriebsarbeit: Von der richtigen Beschlussfassung in der Betriebsratssitzung über das Protokoll bis zum Widerspruch gegen Kündigungen oder der Durchführung einer Betriebsversammlung werden alle rechtlichen Aspekte erläutert und Formulierungshilfen gegeben. So können sich auch Arbeitnehmer, die für den Betriebsrat kandidieren möchten oder neu gewählte Betriebsratsmitglieder einen schnellen Überblick über ihre Aufgaben, Rechte und Pflichten verschaffen. Auch für jeden Arbeitnehmer ist es wichtig zu wissen, an wen er sich im Notfall wenden kann und was von dieser Hilfe zu erwarten ist. Ansprechpartner vor Ort sind Betriebsräte. Und was sie alles machen, was sie dürfen und welche Rechte sie haben, beschreibt der Ratgeber.

Achim Thannheiser ist Rechtsanwalt und Betriebswirt in Hannover.

Achim Thannheiser

Betriebsrat

Deutscher Taschenbuch Verlag

§§	**Hinweis auf die Rechtslage**
	Vorsicht
✓	**Checkliste**
z.B.	**Beispiel(e)**
	Musterbrief, -formulierung
Tipp	**Ratschlag**
	Rechtsprechung
Fall	**Konkreter Sachverhalt**

2. Auflage
Deutscher Taschenbuch Verlag GmbH & Co. KG
Friedrichstraße 1a, 80801 München

Druck und Bindung: Druckerei C.H. Beck, Nördlingen
Satz: factor liborum
Umschlagkonzept: D sign Peter Korn-Hornung
Titelbild: © corbis
ISBN 3-423-58107-7

Vorwort

Seit der ersten Auflage dieses Taschenbuches wurde das Betriebsverfassungsgesetz nicht mehr geändert. Jedoch haben sich durch die Entscheidungen des Bundesarbeitsgerichts in den vergangenen Jahren einige Änderungen und Klärungen ergeben. Damit sind viele Neuerungen aus dem Jahr 2001 nun gerichtlich ausgelegt und waren in die Neuauflage zu übernehmen.

Ziel ist es, gerade den neu gewählten Betriebsräten eine Arbeitsgrundlage an die Hand zu geben, die inhaltlich auf dem neustens Stand ist und einen gut lesbaren schnellen Überblick über das BetrVG bietet.

Inhalt

Abkürzungen

a.A.	anderer Ansicht
ABM	Arbeitsbeschaffungsmaßnahme
Abs.	Absatz
a.F.	alte Fassung
AFG	Arbeitsförderungsgesetz
AFRG	Gesetz zur Reform der Arbeitsförderung
AG	Arbeitsgruppe
AG	Aktiengesellschaft
AiB	Arbeitsrecht im Betrieb (Zeitschrift)
Alt.	Alternative
AktG	Aktiengesetz
AP	Arbeitsrechtliche Praxis, Nachschlagewerk des Bundesarbeitsgerichts
ArbG	Arbeitsgericht
ArbGG	Arbeitsgerichtsgesetz
ArbSchG	Arbeitsschutzgesetz
Art.	Artikel
AltTZG	Altersteilzeitgesetz
AZG	Arbeitszeitgesetz
AZV	Arbeitszeitverordnung
AuR	Arbeit und Arbeitsrecht (Zeitschrift)
AÜG	Arbeitnehmerüberlassungsgesetz
BAG	Bundesarbeitsgericht
BAT	Bundes-Angestelltentarifvertrag
BB	Betriebsberater (Zeitschrift)
BDSG	Bundesdatenschutzgesetz
BetrVG	Betriebsverfassungsgesetz
BfTzG	Befristungs- und Teilzeitgesetz
BGB	Bürgerliches Gesetzbuch
BGBl.	Bundesgesetzblatt
BGH	Bundesgerichtshof
BildscharbV	Bildschirmarbeitsverordnung
BetrVG	Betriebsverfassungsgesetz
BSHG	Bundessozialhilfegesetz
BT-Drucks.	Drucksache des Deutschen Bundestages
BVerfG	Bundesverfassungsgericht
BVerwG	BundesArbeitsgericht
DB	Der Betrieb (Zeitschrift)
DBG	Deutscher Gewerkschaftsbund
EuGH	Europäischer Gerichtshof
f.	folgende

ff.	fortfolgende
FFG	Frauenfördergesetz
GewO	Gewerbeordnung
GG	Grundgesetz
ggf.	gegebenenfalls
GmbH	Gesellschaft mit beschränkter Haftung
Hrsg.	Herausgeber
hM	herrschende Meinung
i.d.R.	in der Regel
InsO	Insolvenzordnung
i.S.	im Sinne
i.S.d.	im Sinne des
ISDN	Integrated services digital network (Digitales Nachrichtennetz)
i.V.m.	in Verbindung mit
JarbSchG	Jugendarbeitsschutzgesetz
KG	Kommanditgesellschaft
KSchG	Kündigungsschutzgesetz
LAG	Landesarbeitsgericht
MdE	Minderung der Erwerbsfähigkeit
MSchG	Mutterschutzgesetz
m.w.N.	mit weiteren Nachweisen
n.F.	neue Fassung
NJW	Neue Juristische Wochenschrift (Zeitschrift)
Nr.	Nummer
n.v.	nicht veröffentlicht
NZA	Neue Zeitschrift für Arbeitsrecht
NZA-RR	NZA-Rechtsprechungsreport
OHG	Offene Handelsgesellschaft
OLG	Oberlandesgericht
PC	Personal-Computer
RdA	Recht der Arbeit (Zeitschrift)
Rn.	Randnummer
Rz	Randziffer
S.	Seite
s.	siehe
SchwbG	Schwerbehindertengesetz
SGB	Sozialgesetzbuch
s.o.	siehe oben
st. Rspr.	Ständige Rechtsprechung
s.u.	siehe unten
TVG	Tarifvertragsgesetz
u.a.	und andere; unter anderem

u.U.	unter Umständen
vgl.	vergleiche
VO	Verordnung
z.B.	zum Beispiel
ZPO	Zivilprozessordnung

A. Einleitung

Sie wurden neu in den Betriebsrat gewählt und wollen sich einen schnellen Überblick über Ihr neues Aufgabengebiet verschaffen? Oder haben Sie von der Neufassung des Betriebsverfassungsgesetzes (25.9.2001) gehört und wollen wissen was da alles geregelt wurde und welchen Sinn so ein Betriebsrat hat? Vielleicht wollen Sie aber auch nur Ihre persönlichen Fragen zur Funktion des Betriebsrats beantwortet bekommen und zwar in knapper lesbarer Form. Für all diese Fälle halten Sie das richtige Buch in Händen.

Alle abeitenden Menschen in kleineren (ab 5 Beschäftigte) und größeren Betrieben und Unternehmen können einen Betriebsrat wählen. Sie haben daher ein berechtigtes Interesse zu erfahren, was so ein Betriebsrat macht, wer das eigentlich ist und was er für Sie persönlich tun kann.

Betriebsrat? – Was ist das?

Erinnern Sie sich noch an die Klassensprecher in der Schule? Sie wählten aus Ihrer Mitte ein Mädchen und einen Jungen, die zum Sprecher der Klasse wurden. Diese sollten zwischen Schülern schlichten, den Mut haben, an die Lehrer heranzutreten, wenn es was zu kritisieren gab und waren Mitglied in anderen Gremien in der Schule. So funktioniert es im Grunde auch mit dem Betriebsrat in Ihrem Betrieb.

Wer ist Betriebsrat?

Wie auch die Klassensprecher hat der Betriebsrat die Aufgabe die Interessen der Beschäftigten zu vertreten. Es sind Ihre »Sprecher«. Betriebsräte sind keine »Räte« im herkömmlichen Sinn, also nicht herausgehobene Funktionsträger, wie Gemeinde- oder Stadträte, sondern einerseits Berater der Beschäftigten und anderseits ihre gewählten Vertreter gegenüber der Unternehmensleitung.

Was kann der Betriebsrat für mich tun?

Die Antwort auf die Frage, was der Betriebsrat für Sie tun kann, hängt von dem Einzelfall ab (typisch Rechtsanwalt!). Ob ein Betriebsrat Ihre Interessen gegen die des Unternehmens durchsetzen kann, ist eine Frage seines Verhandlungsgeschicks und seiner rechtlichen Position. Diese rechtliche Position, die Frage seiner »Durchsetzungsmacht« ist je nach der Art der Angelegenheit unterschiedlich. Das werden wir uns noch genauer ansehen (s. S. 34 ff.). Einen Überblick gibt die nachfolgende Aufstellung:

Information	Über alle Angelegenheiten in dem Betrieb ist der Betriebsrat zu informieren (§ 80 Abs. 2 BetrVG).
Anhörung	Bei bestimmten Maßnahmen ist der Betriebsrat anzuhören. Er sagt zu der Sache seine Meinung und das Unternehmen entscheidet, ob es diese berücksichtigt oder nicht (§ 102 BetrVG).
Beratung	In manchen Fällen ist über die Angelegenheit mit dem Betriebsrat zu beraten. Dies muss vor der Umsetzung der Maßnahme geschehen, so dass vom Unternehmen Vorschläge des Betriebsrats aufgenommen werden können – aber nicht müssen (z. B. § 90 BetrVG).
Mitwirkung	Der Betriebsrat ist rechtzeitig zu beteiligen. Mit ihm ist die Angelegenheit zu beraten. Jedoch ist das Unternehmen an das Votum des Betriebsrats oder auch einer eingeschalteten Einigungsstelle nicht gebunden. Dann muss es seine ablehnende Haltung jedoch begründen (z. B. § 111 BetrVG).

Mitbestimmung ohne Einigungsstelle	Bei anderen Angelegenheiten muss das Unternehmen den Betriebsrat umfassend informieren und seine Zustimmung einholen. Wenn der Betriebsrat sich weigert, entscheidet abschließend das Arbeitsgericht (§ 99 BetrVG).
Mitbestimmung mit Einigungsstelle	In den Fällen, wo im Betriebsverfassungsgesetz die »volle Mitbestimmung« des Betriebsrats vorgesehen ist, darf das Unternehmen ohne Zustimmung des Betriebsrats die Maßnahme nicht umsetzen. Will sich das Unternehmen der Meinung des Betriebsrats nicht anschließen, so muss sich die Einigungsstelle (s. S. 87 ff.) damit befassen. Diese entscheidet dann endgültig (z. B. § 87 BetrVG).

Wie wird man Betriebsrat?

Jede Beschäftige und jeder Beschäftigte kann sich grundsätzlich zur Wahl stellen und Betriebsrat werden. Neben der normalen Arbeit (aber während der Arbeitszeit) hat sie/er sich dann um die Aufgaben nach dem Betriebsverfassungsgesetz zu kümmern. Wenn viele Beschäftigte zu vertreten sind, werden die Betriebsräte auch teilweise oder vollständig von ihren sonstigen Arbeiten befreit. Die genauen Regeln zur Wahl finden Sie ab Seite 164.

B. Was macht ein Betriebsrat?

Gesetz als Basis

Welche Aufgaben ein Betriebsrat hat, steht im Betriebsverfassungsgesetz (BetrVG). Dieses Gesetz wurde 2001 neu überarbeitet und ist zum 25.09.2001 in Kraft getreten, dabei in einigen Punkten verändert und um Regeln ergänzt. Das BetrVG bildet die Grundlage für die Betriebsratsarbeit.

Aber zurück zum eigentlichen Thema: Was macht der Betriebsrat?

I. Aufgaben des Betriebsrats

Sprecher aller Beschäftigten

Über den Betriebsrat werden die Beschäftigten an den internen Entscheidungen in dem Unternehmen beteiligt. Er hat darauf zu achten, dass alle für die Beschäftigten geltenden Schutzvorschriften auch eingehalten werden. Er ist Sprecher aller Beschäftigten, Vermittler, Helfer, Mitentscheider, teils Kontrolleur und Ansprechpartner für alle betrieblichen Angelegenheiten.

Interessengegensatz

Aber wo ist in der Praxis das Unternehmen, das dem Betriebsrat all die Rechte einräumt, die er dem Gesetz nach hätte? Wo ist das Unternehmen, das den Betriebsrat als Partner begreift und tatsächlich mit ihm vertrauensvoll zusammenarbeitet? Es wird selten zu finden sein. Die Gründe hierfür finden wir in dem Interessengegensatz zwischen Unternehmer und abhängig Beschäftigten.

Gewinn erzielen

In der privaten Wirtschaft stellt sich die Lage vereinfacht gesprochen so dar: Auf der einen Seite steht der Arbeitgeber. Dieser möchte z. B. mit möglichst niedrigen Arbeitskosten eine hohe Produktion erzielen, um einen hohen Gewinn zu erwirtschaften. Dagegen steht das Interesse der Arbeitnehmer, die ein möglichst hohes Einkommen anstreben bei gleichen und stabilen Arbeitsverhältnissen.

Die Vergrößerung des Gewinns erfolgt nicht unbedingt über die Maximierung der Produktion, sondern oft über die Minimierung der Kosten. Das Unternehmen hat das Interesse die Kosten nicht nur stabil zu halten, sondern zu senken. Da in vielen Bereichen der Hauptkostenfaktor die Personalkosten sind, bedeutet dies, dass Kostensenkungsmaßnahmen immer Auswirkungen auf die Beschäftigungsverhältnisse haben. Der Betriebsrat hingegen hat das Interesse, dass Kostensenkungsprogramme nicht die Beschäftigten belasten. Er möchte keine Entlassungen von Beschäftigten, noch sollen die Arbeitsentgelte verringert werden.

z.B.
Kosten senken

Das Unternehmen möchte dazu von den Beschäftigten eine möglichst hohe Leistung und dies möglichst umfassend kontrollieren. Für die einzelnen Menschen muss dagegen Leistung und Leistungsfähigkeit im Einklang stehen und die Kontrolle auf ein menschliches und objektiv notwendiges Mindestmaß beschränkt werden.

z.B.
Leistung erhöhen

1. Position des Betriebsrats

Der Interessengegensatz durchzieht den gesamten Bereich der Arbeit. Wir könnten uns die Arbeitsinhalte, die Arbeitsbedingungen, Arbeitsentgeltsysteme u.s.w. anschauen. Wir würden in allen Bereichen unterschiedliche Interessen finden. Der Betriebsrat muss also seine Position innerhalb dieser widerstreitenden Interessen finden. Dies kann zu unterschiedlichem Verhalten führen.

BR als Neutrum

(a) Einige Betriebsräte sehen ihre Position zwischen dem Unternehmen und den Beschäftigten. Sie begründen dies damit, dass sie beiden Seiten gerecht werden müssen. Die gesetzliche Vorgabe in § 2 Abs. 1 BetrVG – vertrauensvolle Zusammenarbeit – fordere, dass sie als Interessenmittler aufzutreten haben. Daraus folgt allerdings, dass der Interessengegensatz den Beschäftigten wahrscheinlich gar nicht bewusst wird. Der Betriebsrat federt ja alles ab. Er muss immer schnell Kompromisse schließen, damit er sich in dieser schwierigen Position halten kann. Mit diesen Kompromissen befriedigt er die Interessen des Unternehmens und besänftigt die Interessen der Beschäftigten. Spontanen Aktionen der Beschäftigten muss er somit schnell entgegentreten, muss Konflikte möglichst beseitigen, um seiner Rolle als Vermittler gerecht zu werden.

BR als Beschützer

(b) Andere Betriebsräte sehen sich als Puffer zwischen Unternehmen und Beschäftigten. Ein solcher Betriebsrat ordnet sich zwar der Seite der Beschäftigten zu, steht aber sozusagen in der ersten Reihe. Er muss alle Probleme und Schwierigkeiten lösen. Er schützt die Beschäftigten. Diese sollen mit dem ganzen Alltagskram möglichst nicht belästigt werden. Auch bei dieser Position wird den Beschäftigten der Interessengegensatz nicht deutlich. Sie werden in die Entscheidungsfindung nicht mit einbezogen. Von den Schwierigkeiten bei Verhandlungen zwischen Betriebsrat und Unternehmen erfahren sie in der Regel nichts. Auch damit macht sich der Betriebsrat das Leben sehr schwer, da er immer allein für alle kämpft.

Erster unter Gleichen

(c) Dann gibt es noch Betriebsräte die erkannt haben, dass sie selbst Teil aller Beschäftigten sind. Ein solcher Betriebsrat begreift sich als eindeutiger Vertreter seiner Kolleginnen und Kollegen, er steht nicht allein. Der Betriebsrat hat verstanden, dass Unternehmen und Beschäftigte unterschiedliche Interessen haben, die oftmals gegeneinander stehen. Er hat auch verstanden, dass er nicht vom Unternehmer gewählt wurde, sondern von den Beschäftigten. Er hat als eine Aufgabe für sich definiert, dass er den Beschäftigten die Interessengegensätze vermittelt und sie über alle Probleme aufklärt. Die Beschäftigten werden in die Arbeit des Betriebsrats einbezogen. Das bedeutet für die Betriebsratstätigkeit, dass der Betriebsrat nicht allein steht, sondern dass die Beschäftigten hinter ihm stehen und mit ihm eine Einheit bilden. Der Betriebsrat muss somit nicht auf zwei Seiten kämpfen, sondern kann mit dem Gefühl, im Sinne der Beschäftigten und mit deren Unterstützung zu handeln, sich den Problemlösungen widmen.

2. Arbeitsgrundlage ist das Betriebsverfassungsgesetz

§§

Überwachen und fördern

Grundlage für die Betriebsratsarbeit ist das Betriebsverfassungsgesetz (BetrVG). Dort sind im § 80 BetrVG die Grundaufgaben für Betriebsräte festgehalten. Der Betriebsrat hat danach einerseits Überwachungsaufgaben und andererseits umfassende Informationsrechte.

Der Betriebsrat hat als Überwachungsaufgabe darauf zu achten, dass die arbeitsrechtlichen Schutzgesetze, die geltenden Tarifverträge und Betriebsvereinbarungen im Betrieb eingehalten werden (§ 80 Abs. 1 BetrVG).

Allgemeine Aufgaben

Weitere Aufgaben des Betriebsrats sind
- die Förderung der Durchsetzung der Gleichstellung von Frauen und Männern im Betrieb,
- die Förderung der Vereinbarkeit von Familie und Erwerbstätigkeit,
- die Entgegennahme von Anregungen der Beschäftigten und Weitergabe an das Unternehmen,
- die Förderung der Eingliederung von Schwerbehinderten und anderen schutzwürdigen Personen,
- die Durchführung der Wahl der Jugend- und Auszubildendenvertreter,
- die Förderung der Beschäftigung älterer Arbeitnehmer im Betrieb,
- die Förderung der Integration ausländischer Beschäftigter,
- die Förderung der Beschäftigungssicherung,
- die Förderung von Maßnahmen zum Arbeitsschutz und
- Maßnahmen zum Umweltschutz.

§§

Antragsrecht

Es handelt sich bei diesen Aufgaben um Pflichten, die mit bestimmten Rechten verbunden sind. An erster Stelle ist das Antragsrecht zu nennen. Der Betriebsrat darf Maßnahmen, die dem Unternehmen und der Belegschaft dienen beantragen (§ 80 Abs. 1 Nr. 2 BetrVG). Er ist dabei nicht auf Maßnahmen beschränkt, bei denen ein Mitbestimmungsrecht besteht. Sondern er entscheidet frei, was er zu seiner Angelegenheit macht. Dabei bedeutet »dienen« in diesem Fall, dass alles was nützlich, vorteilhaft ist oder den Beschäftigten hilft, der Betriebsrat beantragen kann.

Verfahren zur Bewilligung

Mit dem Antrag ist natürlich die Maßnahme noch nicht bewilligt. Die Durchsetzungsmöglichkeiten des Betriebsrats entsprechen seinen Beteiligungsmöglichkeiten (s. S. 87 ff.). Sein Initiativrecht bei Mitbestimmungsangelegenheiten würde beispielsweise bis zur Einschaltung der Einigungsstelle gehen, wenn das Unternehmen sich verweigert (s. Initiativrechte S. 71 ff.). Bei Angelegenheiten ohne Beteiligungsrecht, könnte das Unternehmen einfach eine Regelung verweigern, der Betriebsrat könnte dagegen nichts tun.

Er hat Anregungen und Beschwerden von Beschäftigten entgegenzunehmen und wenn er sie für berechtigt hält, durch Verhandlungen mit der Unternehmensleitung möglichst für Abhilfe zu sorgen (§ 80 Abs. 1 Nr. 3 BetrVG).

Informationsrechte

Der Betriebsrat hat zur Aufgabenerfüllung ein umfassendes Unterrichtungsrecht einschließlich der Möglichkeit, die Vorlage der erforderlichen Unterlagen zu verlangen (§ 80 Abs. 2 BetrVG). Er darf dafür auch in die Listen der Bruttolöhne und -gehälter Einsicht nehmen. Diese Rechte gelten auch für nicht durch Arbeitsvertrag gebundene Beschäftigte (also Leiharbeitnehmer von Zeitarbeitsfirmen).

Sachverstand

Zur Durchführung seiner Aufgaben kann der Betriebsrat einerseits sachkundige Kolleginnen und Kollegen als Auskunftspersonen heranziehen und andererseits hat er das Recht sich von Sachverständigen beraten zu lassen (§ 80 Abs. 3 BetrVG). Beides erfordert die Absprache mit dem Unternehmen.

Keine Durchsetzungsmacht

Diese Überwachungsfunktion erschöpft sich allerdings darin, dass der Betriebsrat Verstöße dem Unternehmen mitteilt und um Abhilfe bittet. Durchsetzungsmöglichkeiten, Verstöße zu verhindern, hat er keine. Wenn er meint, dass

Verstöße vorliegen, kann er dies gegenüber dem Unternehmen geltend machen und gegebenenfalls entsprechende Anträge stellen. Wenn das Unternehmen diesen Anträgen nicht entspricht, ist nur für den Fall, dass es sich um eine beteiligungspflichtige Angelegenheit handelt, ein entsprechendes Verfahren denkbar (s. S. 71), ansonsten haben sich die Möglichkeiten des Betriebsrats damit im rechtlichen Bereich jedenfalls erschöpft.

Kein Kontrollorgan

Der Betriebsrat hat also eine Vielzahl von Überwachungsaufgaben, ist jedoch kein übergeordnetes Kontrollorgan und kann Verstöße nicht bestrafen oder Ähnliches. Wenn das Unternehmen auf Mahnungen des Betriebsrats nicht reagiert, bleibt ihm nur die Möglichkeit, die zuständigen Stellen (Aufsichtsämter etc.) zu verständigen.

II. Er redet viel

Beispielsweise redet der Betriebsrat ständig mit der Unternehmensleitung. Das muss er auch, da zum einen das so genannte Monatsgespräche im BetrVG vorgesehen ist und zum anderen die so genannte »vertrauensvolle Zusammenarbeit« ihn dazu verpflichtet.

Vertrauensvolle Zusammenarbeit

Die regelmäßigen Besprechungen zwischen Unternehmen und Betriebsrat (§ 74 BetrVG) sind Teil der vertrauensvollen Zusammenarbeit zwischen den Beteiligten. Vertrauensvolle Zusammenarbeit bedeutet in diesem Zusammenhang, dass das Unternehmen den Betriebsrat von sich aus über alle wesentlichen Angelegenheiten zu informieren und diese mit ihm zu erörtern hat (§ 2 Abs. 1 BetrVG). Über strittige Fragen ist mit dem ernsten Willen zur Einigung zu verhandeln. Dabei soll es um alle Angelegenheiten im Unternehmen gehen, was sich auch aus dem weiten Aufgabenumfang (§ 80 Abs. 1 BetrVG) des Betriebsrats ergibt. Eine Beschränkung auf die im Gesetz genannten Mitbestimmungstatbestände wurde nicht vorgenommen!

Offener Dialog

Es darf dabei auch nicht vergessen werden, dass sich Unternehmensleitung und Betriebsräte als gleichberechtigte Partner gegenüber stehen. Sie arbeiten vertrauensvoll zusammen, was bedeutet, dass sie sich gegenseitig auf Offenheit, Zuverlässigkeit und Kontinuität des anderen verlassen können. Dafür ist der regelmäßige Informationsaustausch eine unerlässliche Voraussetzung. Daraus wiederum folgt die Pflicht für die Unternehmensleitung zur möglichst frühzeitigen und umfassenden Information der Betriebsräte (§ 80 Abs. 2 BetrVG). Dazu gehört beispielsweise auch, dass Einsicht in die vorhandenen Unterlagen gewährt wird. Die Unterrichtung ist nicht abhängig von konkreten Beteiligungsverfahren, sondern umfasst alle die Beschäftigten betreffenden Vorgänge in dem Unternehmen.

Als Partner ernst nehmen

Die Interessen der Beschäftigten und die betrieblichen Ziele des Unternehmen stehen gleichrangig nebeneinander. Dementsprechend darf der Betriebsrat keine Forderungen stellen, die die Erfüllung der betrieblichen Aufgaben behindern oder gar verhindern würde, und die Unternehmensleitung darf über Anträge der Betriebsräte nicht einfach hinweggehen. Anregungen des Betriebsrats, die im Interesse der Beschäftigten geeignet sind die Erfüllung der betrieblichen Aufgaben zu erleichtern oder zu fördern, sind zu würdigen und damit die Erfahrung der vor Ort tätigen Beschäftigten für den Betrieb nutzbar zu machen.

Monatsgespräch und mehr

Die vertrauensvolle Zusammenarbeit wird insbesondere in den regelmäßigen Gesprächen, die mindestens einmal monatlich (§ 74 BetrVG) stattfinden sollen, zwischen dem Betriebsrat und dem Arbeitgeber zum Ausdruck kommen. Aber auch außerhalb dieses formalisierten Verfahrens ist das Unternehmen gehalten, Gesprächswünsche der Betriebsräte aufzunehmen und Informationswünsche grundsätzlich zu beachten.

III. Er muss aber manchmal schweigen

Hilfe der Kollegen

Schön wäre es, wenn es dem Betriebsrat gelingen würde, die Beschäftigten so in seine Arbeit einzubinden, dass sie von sich aus ihnen bekannt gewordene wichtige Informationen mitteilen. Klar ist doch, dass alle Veränderungen, Planungen und Auswertungen in der Regel durch Beschäftigte des Unternehmen vorgenommen werden (soweit nicht Externe beauftragt wurden). Die Beschäftigten verfügen also über die Detailkenntnisse, die der Betriebsrat für seine Arbeit braucht. Durch die stetige Kommunikation mit den Kolleginnen und Kollegen erfährt der Betriebsrat schnell und sicher von geplanten Vorgängen und kann Initiativen starten und frühzeitig seine Beteiligungsrechte einfordern.

Vertrauen schaffen

Bei einem guten Verhältnis zwischen Betriebsrat und Kolleginnen und Kollegen wird der Betriebsrat somit ganz frühzeitig über alle Vorgänge in dem Unternehmen informiert sein. Die Beschäftigten wissen, dass der Betriebsrat zur Verschwiegenheit verpflichtet ist und damit die Grenze dessen, was sie nicht mitteilen dürfen nur bei tatsächlichen Betriebsgeheimnissen überschritten würde.

Echte Betriebsgeheimnisse werden den Beschäftigten nur in wenigen Ausnahmefällen bekannt werden. Dementsprechend dürfen sie mit dem Betriebsrat über fast alle betrieblichen Angelegenheiten sprechen und ihn informieren. Die Informationen bleiben im Betriebsrat und die Beschäftigten müssen keine Angst haben, dass sie als Informationslieferanten bekannt werden.

Schweigepflicht

Der Betriebsrat hat über Angelegenheiten und Tatsachen, die ihm in Ausübung seiner Tätigkeit als Betriebsrat bekannt werden, Stillschweigen zu bewahren (§ 79 BetrVG). Diese Geheimhaltungspflicht betrifft aber nur dann Informationen des Unternehmens, wenn diese nicht bereits einem größeren Kreis bekannt oder offenkundig sind. Ein

Betriebsgeheimnis ist dadurch gekennzeichnet, dass die Sache als

§§

Betriebsgeheimnis

- geheim bezeichnet wurde, sie
- tatsächlich geheimhaltungsbedürftig und auch
- wirklich nur einem kleinen Personenkreis bekannt ist (s. dazu § 79 Abs. 1 BetrVG).

Tipp

Betriebsrat und nicht Geheimrat

Andererseits ist eine wichtige Voraussetzung erfolgreicher Betriebsratstätigkeit die Transparenz seiner Arbeit. Eine konsequente und offene Informationspolitik des Betriebsrats führt zu Akzeptanz und Verständnis bei den Beschäftigten. Wenn diese über jeden Schritt des Betriebsrats informiert werden, wissen sie, dass der Betriebsrat ihre Interessen vertritt und nicht als »Geheimrat« tätig wird.

Auch hier hat der Betriebsrat die unterschiedlichen Interessen abzuwägen und sich zu entscheiden, ob eine Geheimhaltungspflicht besteht oder die Pflicht überwiegt, seine Kolleginnen und Kollegen frühzeitig von möglicherweise einschneidenden sie betreffenden Veränderungen zu informieren.

IV. Er ist ständig unterwegs

Abwesenheitsgründe

Die direkten Arbeitskolleginnen und -kollegen werden es besonders deutlich merken, dass ihre Betriebsratskollegen oft an ihrem Arbeitsplatz fehen. Die Gründe sind vielfältig: Es finden Sitzungen des Betriebsrats statt; da sind die monatlichen und sonstigen Gespräche mit der Geschäftsleitung; sie sind in Projektgruppen, Ausschüssen und sonstigen Gremien vertreten und schließlich haben sie auch die Aufgabe, den Kontakt zu den Kolleginnen und Kollegen vor Ort zu halten.

§§

Der BR bewegt sich frei

Ein Streitpunkt ist immer wieder, ob der Betriebsrat die Beschäftigten am Arbeitsplatz aufsuchen darf, auch wenn diese ihn nicht ausdrücklich darum gebeten haben. Das Bundesarbeitsgericht (BAG) folgert aus dem Grundsatz der vertrauensvollen Zusammenarbeit, dass zwischen Unternehmen und Betriebsrat gegenseitiges Vertrauen und Offenheit herrschen müsse. Der Betriebsrat kann daher jederzeit alle Räume und Betriebsteile und die dortigen Beschäftigten aufsuchen. Er meldet sich dazu von seiner Arbeit ab und ist nicht verpflichtet über den Anlass seiner Betriebsbegehung Auskunft zu geben (BAG vom 21.01.1982 in AP Nr. 1 zu § 70 BetrVG 1972).

Keine Begründungspflicht

Der Betriebsrat muss nicht darlegen, aus welchen Gründen er den Besuch machen will. Er braucht dafür keine Rechtsverletzung nachzuweisen und auch nicht begründen, warum er dies zur Erfüllung seiner Aufgaben für erforderlich hält. Dies folgt aus der gesetzlichen Regelung des § 80 BetrVG, wonach der Betriebsrat das Recht und die Pflicht hat, darüber zu wachen, dass alle in dem Unternehmen tätigen Personen nach Recht und Billigkeit gleichbehandelt werden und die geltenden Schutzgesetze auch Anwendung finden.

Abmelden

Das Bundesarbeitsgericht hat die Verpflichtung des Betriebsrats darauf beschränkt, sich von seinem Arbeitsplatz abzumelden und später zurückzumelden. Eine Mitteilung des Zieles muss nicht erfolgen, auch gibt es nur in Ausnahmefällen ein Widerspruchsrecht des Vorgesetzten (BAG vom 13.5.1997, NZA 1997, 1062). Die Unternehmensleitung kann dem Besuchswunsch von Beschäftigten am Arbeitsplatz nur widersprechen, wenn sie triftige Gründe hat. Diese triftigen Gründe werden im Streitfall gegebenenfalls vom Arbeitsgericht nachträglich überprüft und ein Verstoß könnte zu einer Abmahnung führen.

Informationen sind das A und O

Der Betriebsrat sollte als Vertreter der Beschäftigten in allen Abteilungen »ein Ohr« haben! Die Kolleginnen und Kollegen sind die ersten und besten Informationsquellen des Betriebsrats. Je größer das Unternehmen ist, desto schwieriger ist es für den Betriebsrat, die kleinen, manchmal unmerklichen Veränderungen zu registrieren. Er ist auf den Informationsfluss von den Beschäftigten zu ihm hin angewiesen. In diesen Informationsfluss können auch Dritte, z. B. die Vertrauensleute der Gewerkschaften in dem Unternehmen, mit einbezogen werden.

V. Er streitet sich viel (?)

Unterschiedliche Interessen wahrnehmen

Der Betriebsrat befindet sich regelrecht in einem Interessengeflecht. Zuerst der weiter vorne (s. S. 19 u.a. S. 30) schon beschriebene Interessengegensatz zwischen Unternehmen und Beschäftigten. Dann sind da die eigenen persönlichen, vielleicht im Gremium Betriebsrat schon aufeinander prallenden verschiedenen Interessen, Ansichten und politischen Einstellungen. Hinzu kommt die Einflussnahme der Gewerkschaft bzw. von verschiedenen Gewerkschaften in unterschiedlicher Art und Weise. Die Liste ließe sich fortsetzen. Da heißt es Prioritäten setzen.

1. Welche Interessen haben die Beschäftigten?

Übereinstimmung herstellen

Der Betriebsrat arbeitet für die Beschäftigten, kann also nur erfolgreich sein, wenn es ihm gelingt, eine möglichst weit gehende Übereinstimmung zwischen den Zielen, Forderungen und der Vorgehensweise des Betriebsrats mit den Interessen der betroffenen Kollegen herzustellen. Eine Aufgabe des Betriebsrats ist es, diese Interessen zu ermitteln. Das kann z. B. im Rahmen einer Betriebsversammlung geschehen (s. S. 158) oder durch Arbeitsplatzbesuche (weitere Möglichkeiten s. S. 26). Dabei sind die Meinungen der unterschiedlichen Interessengruppen zu berücksichtigen und deren Anliegen zu bewerten.

Alle Institutionen nutzen

Wie kann der Betriebsrat nun die Interessen der Beschäftigten erkennen? Beispielsweise könnte er die Möglichkeiten der Zusammenarbeit zwischen den Gremien (Betriebsrat, Gesamtbetriebsrat, Jugend- und Auszubildendenvertretung, Frauenbeauftragte, Schwerbehindertenvertretung, Gewerkschaften etc.) nutzen. Dies bedeutet nicht

Mehrarbeit, sondern Verteilung der Last auf viele Schultern und Nutzung von vielfältigen Erfahrungen. Nur mit konsequenter Einhaltung der unten aufgeführten Grundsätze kann der Betriebsrat überhaupt erst die verschiedenen Interessen der Beschäftigten erkennen. Die beteiligten Gruppen und Institutionen haben ihrerseits wieder Kontakt mit den Beschäftigten und bringen möglicherweise andere Sichtweisen ein, als sie dem Betriebsrat bisher bekannt wurden.

Tipp

Grundsätze der Arbeit

Es lassen sich drei »Grundsätze« für die Betriebsratsarbeit bilden, um eine optimale Interessenerkenntnis und in der Folge auch Interessenvertretung zu realisieren:

- Der Grundsatz der Zusammenarbeit
  Die Betriebsräte arbeiten mit anderen Interessenvertretern und den Beschäftigten zusammen.
- Der Grundsatz der Durchsichtigkeit der Arbeit
  Der Betriebsrat wird nicht als »Geheimrat« tätig, sondern betreibt eine offene und offensive Informationspolitik.
- Der Grundsatz der Einheitlichkeit des Vorgehens
  Der Betriebsrat lässt sich nicht spalten, weder intern, noch im Verhältnis zu den Beschäftigten, sondern tritt als eine geschlossene Einheit auf.

2. Interessenlage des Unternehmens

Nach dem Betriebsverfassungsgesetz hat das Unternehmen den Betriebsrat als gleichberechtigten Partner im Rahmen der vertrauensvollen Zusammenarbeit zu behandeln. Der Betriebsrat hat nach der Gesetzeslage eine unterstützende und helfende Funktion. In der Realität jedoch wird der Betriebsrat oftmals von dem Unternehmen als Gegner betrachtet.

Ein Grund für die mögliche Gegnerschaft liegt in den unterschiedlichen Interessen von Unternehmen und Betriebsrat/Beschäftigten begründet.

- An erster Stelle steht die Gewinnmaximierung. Da stört ein Betriebsrat als Blockierer von Optimierungsprogrammen. Er stört auch als eigener Kostenfaktor.
- Das Unternehmen möchte die Kosten senken und zwar i. d. R. durch Personalabbau. Das will der Betriebsrat natürlich verhindern oder zumindest begrenzen.
- Das Unternehmen möchte eine schnelle Bearbeitung der Vorgänge. Der Betriebsrat sieht die Gefahr der Rationalisierung und Überforderung der Beschäftigten.
- Das Unternehmen stellt einen reibungslosen Arbeitsablauf in den Vordergrund und der Betriebsrat hält seinen Anspruch auf Beachtung seiner Mitbestimmungsrechte dagegen.
- Das Unternehmen möchte die Arbeitsergebnisse verbessern und der Betriebsrat wehrt sich gegen eine pauschale Diffamierung der Beschäftigten.
- Daneben kann es um die Verfolgung taktischer Ziele im Unternehmen gehen, um bestimmte Maßnahmen durchzusetzen, von denen der Betriebsrat nicht begeistert ist.

Tipp

Auch in das Unternehmen »hineindenken«

Den denkbaren Strategien der Unternehmen kommt der Betriebsrat dadurch näher, dass er sich in die Gedanken der Geschäftsleitung »hineinversetzt«:

- Wie würde ich an Stelle der Unternehmensleitung vorgehen, um ein bestimmtes Ziel zu erreichen?
- Welche Ziele sind dem Unternehmen voraussichtlich besonders wichtig?
- Von welchen Forderungen wird das Unternehmen nicht abweichen können?
- Welche Forderungen des Unternehmens bedeuten für den Fall, dass sich das Unternehmen nicht durchsetzen kann, einen Gesichtsverlust?
- Welche Bereiche sind besondere »Steckenpferde« der handelnden Personen?

3. Weitere betroffene Interessen

Es gibt fördernde Interessen, hindernde Interessen, zu beachtende Interessen, zu vernachlässigende Interessen und regelrechte Interessengegensätze. Die Ermittlung und Wertung der Interessen der Einzelnen und der Gruppen obliegt dem Betriebsrat und ist je nach Maßnahme unterschiedlich.

Beteiligte Dritte

Hier können nur einige Beispiele für Interessengruppen genannt werden:

- Kolleginnen und Kollegen
- Vorgesetzte
- andere Betriebsräte (Haupt-, Bezirks-, Gesamtbetriebsrat)
- Jugend- und Auszubildendenvertretung (JAV)
- Schwerbehindertenvertretung
- Frauenbeauftragte
- Unternehmensleitung
- Aufsichtsrat
- Konzernmutter
- Investoren
- Anteilseigner
- politische Institutionen
- Gewerkschaften

Als Betriebsrat gilt es, sich Klarheit über die verschiedenen Interessen, die dahinter stehenden Personen oder Institutionen und die eigenen Ziele zu verschaffen.

4. Checkliste zur Ermittlung der unterschiedlichen Interessen

Die Checkliste kann nur eine Anregung sein, um im Einzelfall an möglichst viele Wünsche und Anregungen, Ansprüche und Möglichkeiten zu denken.

Interessen

1. Welche Informationen liegen über die anstehende Maßnahme vor?
- Welche Fragen sind noch offen?
- Wie und auf welcher Grundlage sind die fehlenden Informationen zu beschaffen?
- Wer ist betroffen?
- Wie sind die Einzelnen betroffen?
- Welche Interessen haben die Betroffenen?
- Welche Interessen haben die Kollegen der Betroffenen in den jeweiligen Abteilungen?
- Welche Interessen haben die übrigen Beschäftigten?

2. Welche Interessen hat das Unternehmen?
- Liegt nur ein taktisches Verhalten vor?
- Sieht der Betriebsrat die Interessen als wesentlich an?
- Gibt es weitere langfristige Ziele?

3. In welchem Verhältnis stehen die Interessen zueinander?
- Wie schwerwiegend sind die Folgen für die Beschäftigten im Vergleich mit den Folgen für das Unternehmen?
- Werten die Gewerkschaften und andere Dritte die Folgen ebenso?
- Gibt es mildere Mittel zur Zielerreichung?

4. Welche Ziele verfolgt der Betriebsrat?
- Was soll für die direkt betroffenen Beschäftigten erreicht werden?
- Was soll für die nur mittelbar Betroffenen erreicht werden?
- Wie können Beschäftigungsverhältnisse gesichert werden?

5. Welche Forderungen stellt der Betriebsrat auf?
- Welche Forderungen sind Maximalpositionen?
- Welche Forderungen sind Minimalpositionen?
- Welche Forderungen sind erfüllbar?

VI. Er bestimmt mit

Sie haben sicher schon von den so genannten »Mitbestimmungsrechten« des Betriebsrats gehört. Dieser Begriff wird oft als Sammelbegriff für unterschiedliche Rechte genutzt. Dies sind:

Rechte

- Anhörungsrechte
- Mitwirkungsrechte
- Beratungsrechte
- eingeschränkte Mitbestimmung
- volle Mitbestimmung

All diese Rechte werden oft unter dem Oberbegriff »Mitbestimmungs- oder Beteiligungsrechte« zusammengefasst. Sie sind nach ihrer »Kraft«, der Frage wie stark der Betriebsrat sich einbringen kann, welche Durchsetzungsmacht er hat, zu unterscheiden.

C. Was kann der Betriebsrat für mich tun?

Durchsetzungsmöglichkeiten

Diese Frage beantwortet vorrangig das Betriebsverfassungsgesetz, das bundesweit gilt. Der Gesetzgeber hat genau festgelegt, in welchen Bereichen und in welchem Umfang der Betriebsrat tätig werden darf. Die Frage nach den konkreten Möglichkeiten des Betriebsrats, ist aber nicht nur eine Frage nach den Beteiligungsrechten, denn damit sind die Handlungsmöglichkeiten des Betriebsrats nicht im vollem Umfang beschrieben. Sein Aktionsradius kann in einen »betriebspolitischen« und einen rechtlichen Teil aufgegliedert werden.

Praxis der Beteiligung

Entgegen dem rechtlich gewährten Einflussbereich wird in der Praxis der Betriebsrat oft in einem größerem Umfang beteiligt. Auf der anderen Seite werden von ihm oft auch nicht alle rechtlichen Möglichkeiten bis »zum Letzten« ausgeschöpft. So entstehen Spielräume für »Kompensationsgeschäfte«. Es kann beispielsweise der Verzicht auf einen Widerspruch bei Überstunden zur Beteiligung in anderen sonst nicht beteiligungspflichtigen Bereichen führen, wo vielleicht nur Informationsrechte vorgesehen sind. Auch der Wunsch des Arbeitgebers den Betriebsrat »mit im Boot« zu haben, erweitert seinen Beteiligungsbereich.

Neben den rechtlichen Durchsetzungsmöglichkeiten stehen die »betriebspolitischen« Möglichkeiten. Mit betriebspolitischer Arbeit werden dabei allgemein die Aktivitäten des Betriebsrats, ohne oder außerhalb von rechtlichen Verfahren gemeint. In diesen Fällen gestaltet er Maßnahmen mit, weil

- er durch Argumente überzeugt hat,
- er die Maßnahme positiv begleiten soll – also gebraucht wird – oder
- der Druck der Beschäftigten so groß war, dass das Unternehmen ihn beteiligen musste.

Reichweite der Rechte

Wenn ein Betriebsrat Interessen durchsetzen will, erfordert dies nicht zwingend eine starke Rechtsposition.Ebenso ist es nicht ausreichend, nur auf die eigenen Rechte, der Einigungsstelle und der Gerichte zu hoffen, um Ziele zu erreichen. Aber das Wissen um die rechtliche Situation, die vorhandene Durchsetzungsmacht und oft auch die Möglichkeiten zu verzögern, stärkt seine Sachargumente und Verhandlungsposition. Der Betriebsrat sollte daher die in Frage kommenden Rechte aus dem Betriebsverfassungsgesetz kennen und ihre Reichweite genau bestimmen können.

I. Zur unterschiedlichen »Qualität« der Mitbestimmungsrechte

»Qualität« der Beteiligung

Der Betriebsrat ist nicht bei allen Maßnahmen in gleicher Weise zu beteiligen. Manchmal ist er vom Unternehmen nur zu informieren und bei anderen Maßnahmen wird seine Zustimmung benötigt. Zu unterscheiden sind dabei die volle (uneingeschränkte) Mitbestimmung, eingeschränkte Mitbestimmungsrechte, Beratungsrechte, Anhörungsrechte und Informationsrechte. Wenn wir von der »Qualität« der Mitbestimmungsrechte sprechen, sind damit die Durchsetzungsmöglichkeiten des Betriebsrats gemeint. Diese können wie folgt beschrieben werden:

Volle Mitbestimmung – z.B. § 87 BetrVG:

1. Die Maßnahme bedarf der Zustimmung des Betriebsrats (oder GBR bzw. KBR).
2. Bei Nichteinigung besteht die Möglichkeit, die Einigungsstelle anzurufen.
3. Die Einigungsstelle entscheidet bindend.

Eingeschränkte Mitbestimmung – z.B. § 99 BetrVG:

1. Das Mitbestimmungsverfahren wird eingeleitet und durchgeführt.

2. Bei Nichteinigung besteht die Möglichkeit für das Unternehmen das Arbeitsgericht anzurufen.
3. Das Arbeitsgericht kann die Zustimmung des Betriebsrats ersetzen.

Mitwirkung – z.B. § 111 BetrVG:

1. Das Beteiligungsverfahren wird eingeleitet und durchgeführt.
2. Bei Nichteinigung besteht die Möglichkeit, die Einigungsstelle anzurufen.
3. Die Entscheidung der Einigungsstelle ist aber nicht bindend.

Beratung – z.B. § 90 BetrVG:

1. Das Beteiligungsverfahren wird eingeleitet und durchgeführt.
2. Soweit das Unternehmen dem Betriebsrat nicht folgt, hat es dies (teils schriftlich) zu begründen.
3. Das Unternehmen entscheidet aber allein.

Anhörung – z.B. § 102 BetrVG:

1. Maßnahme ist dem Betriebsrat vorzulegen.
2. Betriebsrat kann eine Stellungnahme abgeben. Das Unternehmen entscheidet allein.

Unterrichtung – z.B. § 80 Abs. 2 BetrVG:

1. Es hat eine rechtzeitige und umfassende Information des Betriebsrats zu erfolgen.
2. Die erforderlichen Unterlagen sind vorzulegen.

Initiativrecht : Der Betriebsrat kann überall aktiv werden. Seine Möglichkeit sich durchzusetzen richtet sich nach dem Beteiligungstatbestand.

Den unterschiedlich weit reichenden Beteiligungsrechten hat der Gesetzgeber entsprechende unterschiedliche Verfahren zugeordnet. Manchmal muss das Unternehmen nur mit dem Betriebsrat »reden« und manchmal ihn förmlich beteiligen.

Die größte Chance, gehört zu werden und sich einbringen zu können, hat somit der Betriebsrat, wenn er bei einem Streit mit dem Unternehmen, am Ende die Einigungsstelle (s. S. 87 ff.) anrufen kann. Dieses Verfahren kostet Zeit und Geld und sein Ausgang ist ungewiss, da letztlich die/der neutrale Einigungsstellenvorsitzende entscheidet. Wenn diese Entscheidung dann bindenden Charakter hat, wie im Bereich der vollen Mitbestimmung, ist die Verhandlungsposition vor Einleitung des Verfahrens besonders stark, da der Ausgang offen und der Betriebsrat sich auch nach einem langen und teuren Einigungsstellenverfahren durchsetzen könnte. Diese für beide Seiten vorhandene Ungewissheit macht Kompromisse leichter.

§§

§§87, 91, 94, 95, 97, 103, 109, 112, 112a BetrVG

Leider hat der Betriebsrat nur in einem engen Bereich so weit reichende Mitbestimmungsrechte. Das »volle Mitbestimmungsrecht« besteht z.B. in den Fällen des § 87 BetrVG. Das Unternehmen beantragt die Zustimmung des Betriebsrats zu einer Maßnahme, über die der Betriebsrat zu unterrichten und die ihm gegenüber ggf. zu begründen ist. Widerspricht der Betriebsrat dem Antrag, so wird in Verhandlungen eine Einigung gesucht. Kommt diese nicht zu Stande, kann die Einigungsstelle angerufen werden, die dann einen Kompromiss findet oder eine verfahrensbeendende Entscheidung trifft. Diese ist wiederum gerichtlich nur auf Verfahrensfehler überprüfbar.

§§ 99, 100, 103 BetrVG

Die Durchsetzungsmacht des Betriebsrats ist bei der »eingeschränkten Mitbestimmung« geringer, weil dort seine ablehnende Entscheidung durch das Arbeitsgericht aufgehoben werden kann.

§§

§§ 111, 112 BetrVG Interessenausgleich

Weiter verringert wird die Gestaltungsmöglichkeiten für den Betriebsrat bei den »Mitwirkungsrechten«, da dort die Entscheidung der Einigungsstelle nicht bindend ist, sondern diese nur eine Art Empfehlung abgibt, an die sich das

Unternehmen nicht halten muss. Zwar ist die Chance gegeben, im Laufe eines langen Verfahrens einen Kompromiss zu finden, aber letztlich entscheidet der »Arbeitgeber« im Zweifel allein.

§§

§§ 80, 90, 92, 92a, 96, 97 BetrVG

Bei den »Beratungsrechten« ist kein Einigungsstellenverfahren vorgesehen und dem Unternehmen obliegt das Letztentscheidungsrecht allein. Zu diesen Rechten gehört auch der Anspruch, dass Anregungen, die Kolleginnen und Kollegen in den Betriebsrat geben, mit dem Unternehmen verhandelt werden. Dieser Verhandlungsanspruch ohne Durchsetzungsmöglichkeit findet sich bereits bei den Monatsgesprächen in § 74 BetrVG. Er wird in § 80 Abs. 2 BetrVG noch etwas verstärkt, weil der Betriebsrat danach die Pflicht hat die Einhaltung von gesetzlichen und anderen Regelungen zu Gunsten der Beschäftigten zu überwachen. Reagiert das Unternehmen auf Vorhalte des Betriebsrats nicht, kann der Betriebsrat ggf. die Gewerbeaufsicht einschalten.

§§

§ 102 BetrVG

Bei den »Anhörungsrechten« fällt auch noch die Pflicht zur Beratung weg, es wird zwar dem zuständigen Betriebsrat Gelegenheit gegeben, sich zu äußern, aber seine Meinung muss nicht von dem Unternehmen berücksichtigt werden.

§§ 89, 105 BetrVG

Ist der Betriebsrat sogar nur zu informieren, muss das Unternehmen nicht einmal die Argumente des Betriebsrats vor der Entscheidung zur Kenntnis nehmen.

II. Allgemeine »Grundrechte« und »Grundpflichten« des Betriebsrats

Oberstes Ziel

Vor den konkreten Beteiligungsrechten gibt es einige allgemeine Rechte und Pflichten des Betriebsrats im BetrVG. Dem Gesetz quasi vorangestellt ist die so genannte »vertrauensvolle Zusammenarbeit« zwischen Unternehmen und Betriebsrat in § 2 Abs. 1 BetrVG. Auch die Zusammenarbeit mit den Gewerkschaften ist genannt und zwar zum Wohl der Beschäftigten und des Unternehmens.

Fiktion der Partnerschaft

Es wird dabei davon ausgegangen, dass sich Betriebsrat und Unternehmen als gleichberechtigte Partner gegenüberstehen und beide Seiten grundsätzlich gesprächs- und verhandlungsbereit sind. Dies beinhaltet die Pflicht für das Unternehmen, den Betriebsrat auch außerhalb der förmlichen Beteiligungsverfahren einzuschalten und sich ggf. mit seinen Bedenken auseinander zu setzen.

Besprechen und verhandeln

Die vertrauensvolle Zusammenarbeit wird mit der gesetzlichen Bestimmung von regelmäßigen Besprechungen zwischen Unternehmen und Betriebsrat (§ 74 BetrVG) und der Pflicht über strittige Fragen mit dem ernsten Willen zur Einigung zu verhandeln konkretisiert.

Informationsanspruch

Aus der vertrauensvollen Zusammenarbeit folgt auch, dass der Betriebsrat einen allgemeinen Unterrichtungsanspruch hat (§ 80 Abs. 2 BetrVG). Das bedeutet, dass das Unternehmen den Betriebsrat von sich aus über alle wesentlichen Angelegenheiten zu informieren und diese mit ihm zu erörtern hat. Dabei geht es auch um tarifpolitische, sozialpolitische, umweltpolitische und wirtschaftliche Angelegenheiten, die den Betrieb oder die Beschäftigten unmittelbar betreffen (§ 74 Abs. 2 BetrVG). Nur zum Streik darf der Betriebsrat nicht aufrufen.

1. Gewerkschaftliche Betätigung

§§

Unterstützungsfunktion der Gewerkschaften

Das Betriebsverfassungsrecht hat die grundgesetzlich geschützte und vorgesehene Stellung der Gewerkschaften (Art. 9 GG – Vereinigungsfreiheit – Streikrecht) aufgenommen und in diversen Einzelregelungen umgesetzt. Damit ist die Funktion der Gewerkschaft in der Zusammenarbeit mit den Betriebsräten sehr weit gefasst. Die Betriebsräte haben die Möglichkeit erhalten, sich in allen betriebsverfassungsrechtlichen Angelegenheiten von den Gewerkschaften unterstützen zu lassen.

Beteiligung der Gewerkschaften

Damit die Gewerkschaften diese Unterstützungsfunktion auch wahrnehmen können, gewährt ihnen § 2 Abs. 2 BetrVG ein Zutrittsrecht zum Unternehmen. Die Gewerkschaftsvertreter dürfen somit auch einzelne Beschäftigte an ihrem Arbeitsplatz aufsuchen. Letztlich soll das Betriebsverfassungsrecht keine Einschränkung der Interessenwahrnehmung für die gewerkschaftlichen Mitglieder darstellen (§ 2 Abs. 3 BetrVG).

Betätigungsfreiheit

Die Gewerkschaften haben daneben auch das Recht, die Beschäftigten zu informieren und Mitgliederwerbung zu betreiben. Dies können Beschäftigte als Gewerkschaftsmitglieder im Unternehmen und auch während der Arbeitszeit tun (BVerfG vom 14.11.1995, NZA 1996, 381), soweit es sich im angemessenen Umfang hält und den Betriebsablauf nicht stört. Auch Betriebsräte sind nicht daran gehindert, in ihrer Eigenschaft als Gewerkschaftsmitglieder für die Gewerkschaft tätig zu werden (BAG vom 12.6.1986, NZA 1987, 153).

§§

Auch für Mitglieder des BR

Insbesondere in § 2 Abs. 3 i. V. m. § 74 Abs. 3 BetrVG wird das Recht auf gewerkschaftliche Betätigung hervorgehoben. Dieses Recht stellt nochmals klar, dass das Grundrecht des Art. 9 Abs. 3 GG auch für Beschäftigte gilt, die im Rahmen der Betriebsräte Funktionen ausüben. Gewerkschaftsmitglieder dürfen somit in ihrer Betätigung für die Gewerkschaft durch die Mitgliedschaft im Betriebsrat nicht eingeschränkt werden. Aus dem Gebot der Neutralitätspflicht folgt für den Betriebsrat insgesamt aber, dass er nicht Stellung nur zu Gunsten einer von mehreren in dem Unternehmen vertretenen Gewerkschaft bezieht.

§ 74 BetrVG Informationsquellen

Mit den Regelungen in § 74 BetrVG ist auch sichergestellt, dass die Vertrauensleute der Gewerkschaften in ihrer betrieblichen Tätigkeit keine Nachteile erfahren. Der Betriebsrat wird die Vertrauensleute gern in seine Arbeit mit einbeziehen. Einerseits erhält er über die einzelnen Gewerkschaftsmitglieder Informationen aus dem betrieblichen Alltag, die ihm sonst vielleicht nicht zugänglich sind, andererseits kann er ohne großen Aufwand Informationen an die Beschäftigten weitergeben. Die Vertrauensleute der Gewerkschaften werden sicher auch bereit sein, bestimmte Aufgaben und Tätigkeiten zu übernehmen. Damit kann der Betriebsrat die eigene Arbeitsbelastung etwas vermindern und dazu das vorhandene Wissen der Vertrauensleute Gewinn bringend nutzen.

Tipp

Zusammenarbeit

Gemeinsames Ziel des Betriebsrats, der Gewerkschaften und der in dem Unternehmen beschäftigten Gewerkschaftsmitglieder ist die Durchsetzung der Interessen der Beschäftigten. Dies wird umso besser gelingen, je stärker der Betriebsrat und die Gewerkschaftsvertreter zusammenarbeiten. Dazu ist es erforderlich, dass der Betriebsrat die im Gesetz vorgesehenen Unterstützungsmöglichkeiten durch die Gewerkschaften auch nutzt.

2. Parteipolitische Neutralität

Parteipolitisch neutral

Entgegen der gewerkschaftlichen Betätigungsfreiheit steht es dem Betriebsrat nicht zu, sich parteipolitisch im Unternehmen zu betätigen. Er kann natürlich als Privatperson für seine Partei einstehen, jedoch ist es ihm untersagt, im Unternehmen für diese zu werben. Das verteilen von Werbebroschüren, Flugblättern, Wahlaufrufen oder Unterschriftensammlungen wird ihm, wie jedem anderen Beschäftigten auch, nicht zugestanden (BAG vom 12.6.1986, NZA 1987, 153).

Meinungsfreiheit unterstützen

Außerhalb des Unternehmens darf jedes Betriebsratsmitglied sich natürlich parteipolitisch frei betätigen, solange dabei die Stellung als Betriebsrat nicht benutzt oder ausgenutzt wird. Der Betriebsrat als Gremium hat sogar die Aufgabe sich für die Wahrung der Vereinigungsfreiheit einzusetzen (§ 75 BetrVG). Dies bedeutet auch, dass die parteipolitische Pluralität, der Demokratiegrundsatz und die gewerkschaftliche Betätigungsfreiheit von dem Betriebsrat in der Praxis ernst zu nehmen und umzusetzen sind. Der Betriebsrat hat die Pflicht, sein Amt unparteiisch auszuüben. Also weder für eine bestimmte Partei noch für eine bestimmte politische Richtung oder eine einzelne Gewerkschaft Positionen zu beziehen.

3. Friedenspflicht

Streik: mitmachen, aber nicht dazu aufrufen

Als Teil der vertrauensvollen Zusammenarbeit darf der Betriebsrat den »Frieden im Unternehmen« nicht stören. Er darf also beispielsweise nicht zum Streik auffordern oder sich diffamierend über den Unternehmer äußern (BAG vom 21.02.1978 in AP Nr. 1 zu § 74 BetrVG 1972). Das heißt aber nicht, dass die einzelnen Betriebsratsmitglieder in ihrem persönlichen Streikrecht beeinträchtigt wären. In § 74 Abs. 2 BetrVG ist ausdrücklich festgehalten, dass Streikmaßnahmen zwischen Betriebsrat und Unternehmen unzulässig sind, jedoch Arbeitskämpfe tariffähiger Parteien dadurch nicht berührt werden.

Die Friedenspflicht schließt nicht die interne Streitlösung mit ein, bedeutet also keinen Verzicht auf Auseinandersetzungen mit dem Unternehmen.

III. Informationsrechte

§§

Rechtsgrundlagen

Der Betriebsrat hat in Erfüllung seiner Überwachungsfunktion gemäß § 80 BetrVG die Pflicht zur Zusammenarbeit mit dem Unternehmen und dieses hat wiederum die Pflicht den Betriebsrat mit den erforderlichen Informationen zu versehen und den Betriebsrat gemäß § 80 Abs. 2 BetrVG zur Durchführung seiner Aufgaben rechtzeitig und umfassend zu unterrichten. Die dazu erforderlichen Unterlagen sind ihm vorzulegen und sachkundige Kolleginnen und Kollegen als Auskunftspersonen im Bedarfsfall zur Verfügung zu stellen (§ 80 Abs. 2 BetrVG). Dies gilt unabhängig von der »Qualität« des Beteiligungsrechtes. Die Unterrichtung ist die erste Voraussetzung für die Wahrnehmung der Betriebsratsaufgaben.

Erweitert wird dieser Informationsanspruch des Betriebsrats durch die Möglichkeit, im Bedarfsfall sich auch durch externen Sachverstand unterstützen zu lassen (§ 80 Abs. 3 BetrVG). Dies ist mit dem Unternehmen ausdrücklich zu vereinbaren, soweit nicht eine Betriebsänderung vorliegt. Bei Betriebsänderungen in Unternehmen mit mehr als 300 Beschäftigten hat der Betriebsrat immer das Recht einen Sachverständigen hinzuziehen (§ 111 Abs. 1 Satz 2 BetrVG).

Sachverständige

Das Unternehmen hat von sich aus – auch ohne entsprechende Aufforderung – im obigen Sinne zu informieren, wenn die Beteiligungsrechte des Betriebsrats berührt sein könnten (BAG vom 7.8.1986 in AP Nr. 25 zu § 80 BetrVG 1972). Es muss noch kein konkreter Beteiligungsfall oder besonderer Anlass vorliegen, denn nur so kann der Betriebsrat überhaupt prüfen, ob sich für ihn Aufgaben ergeben und er tätig werden muss.

Tipp

Bringschuld

Die Unterrichtung hat nach § 80 Abs. 2 BetrVG rechtzeitig und umfassend zu erfolgen. »Rechtzeitig« ist die Unterrichtung dann, wenn die beabsichtigte Maßnahme noch gestaltungsfähig ist. Dies bedeutet jedoch nicht zum spätestmöglichen Zeitpunkt, sondern sofort, wenn konkrete Aktivitäten entfaltet werden, wie zum Beispiel Untersuchungen und Planungen.

Rechtzeitig

»Umfassend« besagt in diesem Zusammenhang, dass alle dem Unternehmen zugänglichen Informationen auch dem Betriebsrat zugänglich gemacht werden.

Umfassend

Basis der Beteiligung des Betriebsrats ist die vertrauensvolle Zusammenarbeit mit dem Unternehmen. In diesem Zusammenspiel hat das Unternehmen die Basis für dieses partnerschaftliche Zusammenwirken durch umfassende Information zu legen. Unternehmen und Betriebsrat sollen auf gleicher Grundlage entscheiden können.

Die Informationspflicht des Unternehmens ist die eine Seite. Was passiert aber, wenn es dieser Pflicht nicht nachkommt?

Tipp

Unterlassung

Maßnahmen bei denen volle Mitbestimmungsrechte z.B. nach § 87 BetrVG bestehen, dürfen erst umgesetzt werden, wenn das Mitbestimmungsverfahren abgeschlossen ist. Der Betriebsrat könnte durch eine einstweilige Unterlassungsverfügung beim Arbeitsgericht den Stopp der Umsetzung der Maßnahme erreichen (BAG vom 3.5.1994 in AP Nr. 23 zu § 23 BetrVG 1972). Damit hat er eine starke Möglichkeit, den Einblick in alle erforderlichen Informationen auch zu erhalten.

Frist

Bei unzureichender Unterrichtung beginnen Mitbestimmungsfristen (z.B. § 99 Abs. 3, § 102 Abs. 2 BetrVG) erst zu laufen, wenn der Betriebsrat vollständig unterrichtet wurde! Vorher dürfen beispielsweise mitbestimmungspflichtige personelle Maßnahmen nicht umgesetzt werden. Dies könnte wiederum der Betriebsrat erzwingen.

§§

Fristbeginn

Dennoch geht der Betriebsrat ein großes Risiko ein, wenn er sich darauf verlässt, dass er seiner Meinung nach nicht alle Informationen hatte und die Frist nicht zu laufen begann. Denn im Streitfall würde das Gericht im Nachhinein prüfen, ob »der verständige Betriebsrat« diese Informationen gebraucht hätte. Der Informationsanspruch wird dabei auf die notwendigen oder erforderlichen Informationen beschränkt. Daher sollte er auf die seiner Meinung nach fehlenden Informationen hinweisen – innerhalb der Äußerungsfrist – und deren Erforderlichkeit begründen. Es ist dann an dem Unternehmen, eine Verzögerung des Verfahrens durch umfassende Information zu vermeiden.

Nie Bedingungen im Widerspruch nennen!

Vorsorglich könnte es auch sinnvoll sein, der Maßnahme begründet zu widersprechen und darauf hinzuweisen, dass bei vollständiger Information eine andere Entscheidung des Gremiums denkbar wäre. Aber bitte nicht unter bestimmten Bedingungen zustimmen oder widersprechen.

Der Widerspruch ist bedingungsfeindlich. Er wäre unwirksam.

Widerspruch

Nicht: Wir widersprechen der Maßnahme nicht, wenn Sie ...

Sondern: Wir widersprechen der Maßnahme weil,

a) ...

b) ...

c) ...

Eine erneute Entscheidung wäre denkbar, wenn die uns fehlenden Informationen

1. ...
2. ....
3. ....

von Ihnen nachgereicht wurden und ein erneuter Mitbestimmungsantrag gestellt wird.

Theorie und Praxis

Die soeben beschriebenen Grundsätze zum Informationsanspruch des Betriebsrats werden in der Praxis oft unterlaufen. Die einen Betriebsräte werden mit Informationen überhäuft, so dass sie darin geradezu ersticken und Wichtiges von Unwichtigem nicht trennen können und den anderen werden Informationen verweigert. Damit wird dem Betriebsrat die Basis für seine Teilhabe entzogen bzw. nicht gewährt. Ob auf Seiten des Unternehmens dahinter Unwissenheit oder Kalkül steckt, mag dahingestellt bleiben, da die Folgen gleich sind. Der Betriebsrat sollte daher dem Unternehmen genau aufgeben, welche Informationen er haben möchte.

Der Betriebsrat braucht zur Durchsetzung seines Informationsanspruchs einen gesetzlichen Bezugspunkt. Nur wo er eigene Rechte, Aufgaben oder Pflichten hat, kann er entsprechende Informationen verlangen. Hier bietet sich als breite Grundlage der ihm obliegende Überwachungsauftrag aus § 80 BetrVG und der Informationsanspruch im Bezug auf seine allgemeinen Aufgaben aus § 80 Abs. 2 BetrVG an. Dieser allgemeine Informationsanspruch ist sehr umfassend, wie zwei Beispiele deutlich machen.

Fall

Zulagen

Der Betriebsrat oder beauftragte Ausschuss kann von dem Unternehmen zur Erfüllung seiner Verpflichtung aus § 80 BetrVG verlangen, dass er über die Gewährung von Leistungszulagen, freiwilligen Zulagen, Prämien etc. unterrichtet wird (BAG vom 17.3.1983 in AP Nr. 18 zu § 80 BetrVG 1972). Er kann die Einsichtnahme in diese Unterlagen oder Listen fordern. Diese ist ihm zu gewähren, ohne dass er eine konkrete Rechtsverletzung darlegt. Zu dem Personenkreis deren Daten ihm mitzuteilen sind, gehören seit 2001 auch Personen, die nicht in einem Arbeitsverhältnis zum Unternehmen stehen (Leiharbeitnehmer – § 80 Abs. 2 BetrVG)

BAG 12.2.1987

Auch ein Einblicksrecht in die Bruttogehaltslisten der AT-Angestellten (AT = Außertariflich, aber nicht Leitend i.S. § 5 Abs. 3 BetrVG) ist ohne weiteren Anlass gegeben (BAG vom 12.2.1987 in AP Nr. 27 zu § 80 BetrVG 1972). Nur so kann er die Überwachungsaufgaben des § 80 BetrVG wahrnehmen und einen personenbezogenen Vergleich vornehmen.

Diese konkreten Daten sind auch deshalb unbedingt nötig, um eine unterschiedliche Behandlungen von Gruppen von Beschäftigten oder einzelnen Beschäftigten, von Frauen und Männern, Deutschen und Ausländern, Angehörigen von Gewerkschaften und nicht gewerkschaftlich gebundenen Beschäftigten oder auch von früheren und gegenwärtigen Betriebsratsmitgliedern im Verhältnis zu anderen Beschäftigten zu erkennen. Der Betriebsrat soll ermitteln können, ob eine innerbetriebliche Lohngerechtigkeit erreicht ist oder durch eine andere betriebliche Lohngestaltung erreicht werden kann.

Nachdem ein Anspruch auf Einsicht in die Zulagenverteilung besteht, stellt sich die Frage, ob der Betriebsrat Einblick in die Bruttolohn- und -gehaltslisten verlangen kann, um beispielsweise das System der Zulagengewährung insgesamt nachvollziehen zu können. Der Betriebsrat ist über alle von ihm vertretenden Beschäftigten und Betriebszugehörigen zu informieren. Sogar gegen den Willen einzelner Beschäftigter, da sein Recht beispielsweise die Verletzung des Gleichbehandlungssatzes zu prüfen, schwerer wiegt (BAG vom 20.12.1988 in AP Nr. 5 zu § 92 ArbGG). Weder das Recht der Einzelnen auf informationelle Selbstbestimmung, noch die Datenschutzgesetze sprechen dagegen, da es sich um die Ausübung betriebsverfassungsrechtlicher Pflichten handelt und eine Verschwiegenheitspflicht des Betriebsrates (§ 79 BetrVG) vorliegt.

Fall

Gehälter

Da der Betriebsrat die Gesamtheit der Beschäftigten vertritt, hat er darüber zu wachen, dass die gemeinsamen rechtlichen und sozialen Belange aller Beschäftigten und letztlich auch der einzelnen Beschäftigten untereinander nach Recht und Billigkeit gewahrt werden. Über die Unterrichtung bei Einzelmaßnahmen hinaus hat er die Informationen über all die beschriebenen Belange berührenden Fakten und Vorhaben zu erhalten, um Rechtsverstöße und Unbilligkeiten aufzeigen zu können. Der Betriebsrat kann dazu beispielsweise nicht verlangen, dass ihm die Lohn- und Gehaltslisten ausgehändigt werden, jedoch hat das Unternehmen die Pflicht, ihm Einblick in diese Listen zu gewähren.

Gesamtüberblick erforderlich

Das Unternehmen ist also verpflichtet, dem Betriebsrat die Auskünfte zu erteilen, welche dieser benötigt, um die ihm im BetrVG zugewiesenen allgemeinen Aufgaben zu erfüllen und die ihm gesetzlich zugeordneten Befugnisse wahrnehmen zu können. Im Rahmen der Überwachungsaufgabe des Betriebsrats hat er Anspruch auf entsprechende Information, ohne dass er einen konkreten Rechtsverstoß belegen müsste.

Tipp

Vorinformation

Begründung im Antrag ist umfangreicher

Zur Vervollständigung soll darauf hingewiesen werden, dass von dem Anspruch des Betriebsrats auf Unterrichtung die Pflicht zur Begründung der Anträge vom Unternehmen im mitbestimmungsrechtlichen Verfahren zu unterscheiden ist. Die Unterrichtung beinhaltet all die rechtlichen und tatsächlichen Informationen, die der Betriebsrat für seine Willensbildung und Entscheidungsfindung benötigt. Die Begründung hingegen bezieht sich darauf, welche Erwägungen bzw. Beweggründe für die Entschließung bzw. das Vorgehen des Unternehmens bestimmend sind. Der Umfang der ggf. nötigen Informationen wird in der nachfolgenden Checkliste deutlich.

☑

Informationsanforderungen

Das Unternehmen hat die Maßnahme ausführlich zu begründen:

- was ist genau vorgesehen,
- welche Planungsvorstellungen gibt es,
- wann sollen die Projekte durchgeführt werden,
- wer ist betroffen,
- welche Bereiche sind betroffen,
- wann und in welchen zeitlichen Schritten soll die Maßnahme wie umgesetzt werden?

- Welche alternativen Möglichkeiten hat das Unternehmen geprüft?
- Warum wurden die Alternativen verworfen?
- Überstundenstatistiken für die einzelnen Bereiche.
- Übersicht über Art und Umfang des Einsatzes von Fremdfirmen.
- Fluktuationsstatistik.

☑

Auswirkungen

Benötigt wird eine ausführliche Beschreibung der Auswirkungen der geplanten Maßnahme

- auf die Beschäftigten,
- deren Einkommen,
- deren Qualifikationsanforderung,
- die Arbeitsbedingungen, die Arbeitsumgebung,
- die Arbeitszeit und mögliche eintretende wirtschaftliche Nachteile.

- Die dazu vorhandenen internen Planungsunterlagen zu den Auswirkungen der Maßnahme im wirtschaftlichen und finanziellen Bereich.
- Die vorhandene Kosten- und Investitionsplanung.
- Aus der Maßnahme resultierende Stellenpläne, Qualifikationsanforderungen, Stellenbeschreibungen und Stellenbedarfsrechnungen.

Soziale Aspekte

Für den Fall wirtschaftlicher Nachteile und einer evtl. Sozialauswahl, wird eine Übersicht über die betroffenen Beschäftigten und deren wesentlichen sozialen Daten benötigt:

- Alter,
- Betriebszugehörigkeit,
- Zahl der unterhaltspflichtigen Kinder,
- Familienstand,
- Schwerbehinderteneigenschaft,
- Grad der Erwerbsminderung,
- sonstige soziale Daten, die bekannt sind,
- Einkommen,
- Aufgaben oder Funktion der Beschäftigten und ihre Qualifikation.

IV. Anhörung

Schwaches Recht

Bei der Anhörung wird dem Betriebsrat vor Durchführung der Maßnahme Gelegenheit zur Stellungnahme gegeben. Sollte der Betriebsrat die Maßnahme ablehnen, kann das Unternehmen dennoch die Maßnahme umsetzen, sie ist an das Votum nicht gebunden.

Aber nicht folgenlos

Der Betriebsrat kann sich mündlich oder schriftlich äußern. Das Unternehmen kann die Angelegenheit mit dem Betriebsrat erörtern, ist dazu jedoch in der Regel nicht verpflichtet. Ein Schlichtungsverfahren ist nicht vorgesehen. Wird die Anhörung jedoch nicht durchgeführt, so ist die Maßnahme (beispielsweise eine fristlose Kündigung § 102 Abs. 1 BetrVG) unwirksam.

Rechtliche Möglichkeiten

Fehlt die Anhörung, kann der Betriebsrat im arbeitsgerichtlichen Beschlussverfahren die Maßnahme anfechten. Ebenso können die von einer Maßnahme betroffenen Beschäftigten sich gegen die Maßnahmen auf der individualrechtlichen Ebene wehren. Die Handlung oder Entscheidung war beteiligungspflichtig, das Beteiligungsverfahren ist nicht durchgeführt worden, somit ist sie rechtswidrig und zurückzunehmen.

§§

Anhörungsrechte bestehen
- vor jeder Kündigungen (§ 102 Abs. 1 BetrVG),
- bei der Einstellung von oder personeller Veränderung bei leitenden Angestellten (§ 105 BetrVG).

Monatsgespräch

Auch das Monatsgespräch zwischen Unternehmen und Betriebsrat ist eine Form der Anhörung. In § 74 Abs. 1 BetrVG heißt es ja, dass das Monatsgespräch dem Informations- und Meinungsaustausch dient und die Parteien mit dem ernsten Willen zur Einigung zu verhandeln haben. Die Regelung ist als »Soll-Vorschrift« ausgelegt, dass heißt das Gespräch darf nur abgesagt werden, wenn dafür eine Begründung vorhanden ist.

1. Fall: Ordentliche Kündigung

Fall

Ordentliche Kündigung

Der Betriebsrat ist vor jeder Kündigung anzuhören (§ 102 BetrVG). Ihm sind die Gründe für die Kündigung mitzuteilen. Er kann auf die Mitteilung unterschiedlich reagieren:
- Er kann weitere Informationen und Unterlagen verlangen.
- Er kann Bedenken äußern.
- Er kann der Kündigung zustimmen.
- Er kann dazu schweigen.
- Er kann erklären, dass er keine Stellungnahme abgibt.
- Er kann der Kündigung widersprechen.

Weiterbeschäftigung

Für seine Reaktion hat er eine Woche Zeit. Äußert er sich nicht, meldet er nur Bedenken an oder stimmt er der Kündigung zu, so ist die Anhörung abgeschlossen. Nur wenn er berechtigte Widerspruchsgründe schriftlich geltend macht und der oder die Betroffene Kündigungsschutzklage erhebt, besteht ein Weiterbeschäftigungsanspruch bis zur Feststellung der Rechtmäßigkeit der Kündigung.

Widerspruch des BR

Widerspruchsgründe können sein:

- Bei der Kündigung wurden soziale Belange nicht oder nur unzureichend berücksichtigt.
- Es gibt eine Auswahlrichtlinie (§ 95 BetrVG), die missachtet wurde.
- Eine Weiterbeschäftigung auf einem anderen Arbeitsplatz wäre möglich.
- Eine Weiterbeschäftigung nach einer zumutbaren Qualifizierungsmaßnahme wäre möglich.
- Oder eine Weiterbeschäftigung zu ungünstigeren Bedingungen wäre möglich und die/der Betroffene hat sich dazu bereit erklärt.

2. Fall: Außerordentliche Kündigung

Fall

Fristlose Kündigung

Das Anhörungsrecht kann durchaus kraftvoller sein als es auf den ersten Blick erscheint, wie eine Entscheidung des BAG zeigt (BAG vom 29.1.1997 in AP Nr. 131 zu § 626 BGB). Danach ist eine Anhörung (nach § 102 BetrVG) des Betriebsrats Voraussetzung auch für eine fristlose Kündigung. Eine derartige Anhörung fehlt, wenn die Kündigung bereits vorher übergeben wurde, sie fehlt auch, wenn der Betriebsrat nicht ausführlich genug unterrichtet wurde.

Kündigung unwirksam

Der Betriebsrat soll in die Lage versetzt werden, seine eigenen Überlegungen zu der Kündigung anzustellen. Dies kann er nur, wenn er alle nötigen Informationen hat, um die Stichhaltigkeit der Kündigungsgründe nachvollziehen zu können. Fehlt es daran, ist die Kündigung mangels Anhörung des Betriebsrats unwirksam.

V. Beratung

Verhandeln

Über den bloßen Informationsanspruch hinaus geht das Beratungsrecht des Betriebsrats. In solchen Fällen soll das Unternehmen die Argumente des Betriebsrats anhören und sich mit ihnen auseinandersetzen. Deshalb muss eine Beratung auch so rechtzeitig erfolgen, dass die Vorschläge und Bedenken des Betriebsrats noch berücksichtigt werden können.

§§

§ 89 BetrVG

§ 90 BetrVG

Beratungsrechte bestehen beispielsweise:

- Bei allen Fragen des Arbeits- und Umweltschutzes und der Bekämpfung von Unfall- und Gesundheitsgefahren.
- Hinsichtlich der Auswirkungen auf die Beschäftigten bei der Planung von technischen Anlagen, Arbeitsverfahren, Arbeitsabläufen, Neu- oder Umbauten oder der Gestaltung der Arbeitsplätze.
- Bei der Personalplanung und der Förderung der Gleichstellung von Frauen und Männern.
- Bezogen auf Vorschläge des Betriebsrats und Beschäftigungssicherung.
- Bezüglich erforderlicher personeller und berufbildender Maßnahmen.
- Dazu in Fragen zur Einführung betrieblicher Berufbildungsmaßnahmen und den dazu erforderlichen betrieblichen Einrichtungen.

1. Fall: Arbeitsschutz und Kündigung

Fall

Betriebsarzt

Eine Ärztin war als Betriebsärztin eingestellt worden. Zu ihren Aufgaben zählte auch die Erfüllung des Arbeitssicherheitsgesetzes (ASiG). Als sie u.a. eine Untersuchung eines Mitarbeiters der Firma, der in den letzten zwei Jahren zehnmal kurzzeitig krank war und öfter über Magenbeschwerden klagte, als »Polizeiuntersuchung« ablehnte, da sie zu solchen Untersuchungen nach ASiG nicht verpflichtet sei, wurde ihr gekündigt. Der Betriebsrat äußerte zur Kündigung Bedenken und der Abberufung als Betriebsärztin widersprach er.

Die fehlende Zustimmung des Betriebsrates führte zur Unwirksamkeit der Kündigung (BAG vom 24.03.1988 in AP Nr. 1 zu § 9 ASiG).

§§

Das schwache Beteiligungsrecht bei Kündigungen (§ 102 BetrVG) führte in diesem Fall im Zusammenspiel mit dem § 89 BetrVG zum Arbeitsschutz und dem § 9 Abs. 3 ASiG zu einer kraftvollen Stellung des Betriebsrats. In § 9 Abs. 3 ASiG heißt es:

»Die Betriebsärzte und Fachkräfte für Arbeitssicherheit sind mit Zustimmung des Betriebsrats zu bestellen und abzuberufen.«

Damit wird durch ein Gesetz außerhalb des BetrVG eine Bedingung zur Beteiligung des Betriebsrats eingefügt, die im Betriebsverfassungsgesetz selbst nicht erkennbar ist. Hält das Unternehmen diese Bedingung nicht ein, so kann es nicht wirksam einer Betriebsärztin kündigen.

2. Fall: Arbeitsplatzgestaltung

Fall

Lärmbelästigung

In einem Untenehmen wurden Autokabelsätze hergestellt. Die Kabelflechtmaschinen erzeugten seit vielen Jahren über 100 dB (A) Lärm. Trotz verschiedener Maßnahmen zur Lärmdämmung des Unternehmens verblieb eine Lärmbelastung von 90 dB (A) im Raum. Dies nahm der Betriebsrat zum Anlass, um eine Lärmpause von 10 Minuten zu fordern.

§§

Das Unternehmen lehnte diese bezahlte Pause ab. Der Betriebsrat meinte nicht nur nach § 90 und § 89 BetrVG beteiligt werden zu müssen, sondern nach § 91 BetrVG eine Einigungsstelle einschalten zu können, da die Arbeitsplätze »gesicherten arbeitswissenschaftlichen Erkenntnissen über eine menschengerechte Gestaltung« widersprechen würden. Damit hätte eine Einigungsstelle zu entscheiden.

Keine bezahlte Pause

Das BAG lehnte dies ab (BAG vom 28.07.1981 in AP Nr. 3 zu § 87 BetrVG 1972 Arbeitssicherheit). Die Initiative des Betriebsrats greife nur, wenn eine Änderung der Arbeitsplätze die Belastung mit sich bringe. Hier führte die Änderung zur Lärmminderung, daher bestehe kein Raum für eine Betriebsratsinitiative unter Beteiligung einer Einigungsstelle.

Arbeitsrecht

Neben den Grenzen für betriebsrätliches Handeln wird der Umfang der Regelungen der §§ 89 und 90 BetrVG deutlich. Mit Maßnahmen in diesem Bereich sind meistens auch andere Mitbestimmungsrechte des Betriebsverfassungsgesetzes angesprochen. Dazu kommen eine Vielzahl weiterer Gesetze (Arbeitsschutzgesetz, Arbeitssicherheitsgesetz etc.), Verordnungen (Arbeitsstättenverordnung etc.), und Vorschriften (z.B. Unfallverhütungsvorschriften), deren Reichweite der Betriebsrat kennen muss.

VI. Mitwirkung

Erweitertes Beratungsrecht

Eine andere Form der Beteiligung wird Mitwirkung genannt. Es handelt sich dabei um ein erweitertes Beratungsrecht. Das Unternehmen hat den Betriebsrat über die beabsichtigte Maßnahme rechtzeitig und umfassend zu unterrichten und mit ihm zu beraten. Kommt es zu keiner Einigung, kann die Angelegenheit entweder

- in einer Einigungsstelle weiter behandelt werden (z.B. Interessenausgleich nach § 112 BetrVG) oder
- das Unternehmen hat zu begründen, warum es die Vorschläge des Betriebsrats für ungeeignet hält (z.B. Beschäftigungssicherung § 92a BetrVG).

Information

Die Verhandlung mit dem Betriebsrat hat rechtzeitig zu erfolgen. Rechtzeitig bedeutet dabei, dass die Beteiligung so frühzeitig erfolgt, dass auf die Gestaltung der Maßnahme noch Einfluss genommen werden kann. Eingehend heißt in diesem Zusammenhang, dass über die Maßnahme im

Detail und auch hinsichtlich des Gesamtzusammenhangs zu informieren ist.

Auseinandersetzen

Die Beratung unterscheidet sich von der Unterrichtung auch dadurch, dass sie die Notwendigkeit zu ernsthaften Auseinandersetzungen mit der Position der jeweils anderen Seite beinhaltet. Beratung ist mehr als eine Anhörung. Es soll die Chance auf die Meinungsbildung und Entscheidung des Unternehmens Einfluss zu nehmen eröffnet werden. Der Betriebsrat kann dabei durchaus eigene konstruktive Vorschläge machen.

Nichteinigung

Will das Unternehmen den Vorschlag des Betriebsrats nicht aufnehmen, so muss es diese Ablehnung im Fall der Vorschläge des Betriebsrats zur Beschäftigungssicherung (§ 92a BetrVG) in größeren Betrieben schriftlich begründen. Vorher kann noch ein Vertreter des Arbeitsamtes hinzugezogen werden. Bei einer Betriebsänderung könnte für den Fall der Nichteinigung über einen Interessenausgleich der Vorstand der Bundesagentur für Arbeit als Vermittler eingeschaltet werden (§ 112 Abs. 2 BetrVG). Kommt trotzdem keine Einigung zustande, so kann vom Unternehmen oder vom Betriebsrat eine Einigungsstelle (s. S. 87 ff.) angerufen werden. Deren Vorschlag bindet das Unternehmen allerdings nicht.

Mit Argumenten überzeugen

Das »Mitwirkungsverfahren« entfaltet seine Kraft aus der Möglichkeit, die Angelegenheit zu beraten und mit Argumenten zu überzeugen. Der Betriebsrat hat damit die Möglichkeit, auch spezielle Aspekte, die aus den Unterlagen nicht sofort ersichtlich waren oder vielleicht gar fehlten, zu besprechen. Insbesondere eröffnet dies dem Betriebsrat die Chance, das Unternehmen mit Alternativvorschlägen zu konfrontieren und direkt deren Meinung zu erfragen. Auch kann dem Unternehmen signalisiert werden, ob es Möglichkeiten für den Betriebsrat gibt, der Maßnahme bei bestimmten Änderungen zuzustimmen. Bekanntermaßen ist eine Zustimmung oder Ablehnung einer Maßnahme unter Bedingung nicht möglich. In der Erörterung können jedoch Bedingungen formuliert werden, die dann innerhalb der Frist noch erfüllt werden könnten und schließlich einen Kompromiss zwischen Unternehmen und Betriebsrat darstellen.

1. Vorschlagsrecht zur Beschäftigungssicherung

z.B.

Beschäftigungssicherung

Eine Besonderheit stellt § 92 a BetrVG dar, der über die reinen Beratungsrechte hinaus ein Vorschlagsrecht des Betriebsrats enthält:

§§

§ 92a BetrVG Vorschlagsrecht

§ 92a Beschäftigungssicherung

(1) Der Betriebsrat kann dem Arbeitgeber Vorschläge zur Sicherung und Förderung der Beschäftigung machen. Diese können insbesondere eine flexible Gestaltung der Arbeitszeit, die Förderung von Teilzeitarbeit und Altersteilzeit, neue Formen der Arbeitsorganisation, Änderungen der Arbeitsverfahren und Arbeitsabläufe, die Qualifizierung der Arbeitnehmer, Alternativen zur Ausgliederung von Arbeit oder ihrer Vergabe an andere Unternehmen sowie zum Produktions- und Investitionsprogramm zum Gegenstand haben.

(2) Der Arbeitgeber hat die Vorschläge mit dem Betriebsrat zu beraten. Hält der Arbeitgeber die Vorschläge des Betriebsrats für ungeeignet, hat er dies zu begründen; in Betrieben mit mehr als 100 Arbeitnehmern erfolgt die Begründung schriftlich. Zu den Beratungen kann der Arbeitgeber oder der Betriebsrat einen Vertreter des Arbeitsamtes oder des Landesarbeitsamtes hinzuziehen.

Regelungsmöglichkeiten

Damit enthält das Betriebsverfassungsgesetz ein Element mit dem der Betriebsrat aktiv versuchen kann künftige Entlassungen zu vermeiden. Er kann ganz früh die Initiative ergreifen und das Unternehmen ist gezwungen, sich mit den Vorschlägen des Betriebsrats auseinander zu setzen. Dieses Vorschlagsrecht baut auch nicht auf Betriebsänderungen auf, sondern ist davon völlig unabhängig. Der Betriebsrat entscheidet selbst, wann er Vorschläge zur

- flexiblen Gestaltung der Arbeitszeit,
- zu neuen Formen der Arbeitsorganisation,
- zu Änderungen der Arbeitsverfahren und Arbeitsabläufe,
- zur Qualifizierung der Arbeitnehmer,
- zu Alternativen zur Ausgliederung von Arbeit oder ihrer Vergabe an andere Unternehmen oder
- Alternativen zum Produktions- und Investitionsprogramm

dem Unternehmen unterbreitet.

Das Unternehmen muss diese Vorschläge mit dem Betriebsrat beraten. Es muss sich also mit den Vorschlägen auseinandersetzen. Dies wird auch dadurch deutlich, dass es eine ablehnende Haltung in Betrieben mit mehr als 100 Beschäftigten sogar schriftlich begründen muss. Auch die sinnvolle Möglichkeit einen Vertreter der Bundesagentur für Arbeit hinziehen zu können ist im Gesetz ausdrücklich festgeschrieben.

Folgen einer Ablehnung

Sollte das Unternehmen alle Vorschläge des Betriebsrats verwerfen, wird es bei später notwendigen Betriebsänderungen im Interessenausgleich und Sozialplan diese Vorschläge erneut aufgreifen müssen. Sollten Kündigungen vom Unternehmen geplant werden, wird es Schwierigkeiten haben, deren betriebliche Begründung zu belegen, wenn es jeglichen Versuch zur frühzeitigen Vermeidung abgelehnt hat.

2. Zum Beispiel Interessenausgleich

z.B.

Interessenausgleich

Im Rahmen einer vorliegenden Betriebsänderung ist in jedem Fall der Unternehmer gehalten einen Interessenausgleich mit dem Betriebsrat zu verhandeln und abzuschließen. Zumindest muss er dies versuchen, wenn er sich nicht der Gefahr des Nachteilsausgleichs (Art Schadensersatz) nach § 113 BetrVG aussetzen will. In einem Interessenausgleich wird geregelt:

- ob
- wann
- wie

eine vorgesehene Betriebsänderung durchgeführt werden soll.

Auf der einen Seite ist das Ziel des Betriebsrats, Nachteile für die Beschäftigten möglichst gering zu halten und auf der anderen Seite das Ziel des Unternehmens, den Betriebsrat dafür zu gewinnen, dass er der Betriebsänderung zustimmt und diese positiv begleitet. In vielen Fällen ist die positive Begleitung durch den Betriebsrat geradezu Voraussetzung dafür, dass die Betriebsänderung (insbesondere Organisationsänderung) überhaupt greifen kann, da er als Multiplikator sich für oder gegen Veränderungen ausspricht und damit die Beschäftigten orientiert.

Inhalte

Die Inhalte eines Interessenausgleich können sein:
- zeitlicher Ablauf der Betriebsänderung
- Umfang und Inhalt der Betriebsänderung
- zusätzliche Produktionsmöglichkeiten zwecks Sicherung der Beschäftigung
- personalwirtschaftliche Abwicklung der Betriebsänderung
- Qualifikationsprogramme für betroffene Mitarbeiter
- Errichtung von Beschäftigungs- und Qualifizierungsgesellschaften
- Maßnahmen zur menschengerechten Arbeitsplatzgestaltung
- sozialverträglicher Technikeinsatz
- Einführung einer transparenten Personalplanung
- Festschreibung zukünftiger Betriebsratsinformation
- Erweiterung betriebsverfassungsrechtlicher Mitbestimmungsrechte, z.B. im Bereich Personalplanung, Kündigung
- Übergangs- und Restmandate der Betriebsräte
- betriebsrätliche Vertretung ausgelagerter Betriebsteile und Einleitung von Betriebsratswahlen dort (vgl. dazu

Hase u.a., Handbuch Interessenausgleich und Sozialplan, Bund Verlag, S. 54 ff.).

Vertrag besonderer Art

Zu beachten ist jedoch, dass in einem Interessenausgleich möglichst keine Dinge geregelt werden sollen, die Leistungen an die Beschäftigten betreffen. Ein Interessenausgleich ist nämlich nach der Rechtsprechung des Bundesarbeitsgerichts ein Vertrag besonderer Art, der für den Fall, dass der Unternehmer sich nicht an die Regelungen hält, weder vom Betriebsrat noch von den betroffenen Beschäftigten gegen den Unternehmer durchgesetzt werden könnte. Für den Fall, dass der Unternehmer den Interessenausgleich nicht durchführt oder einzelne Regelungen nicht zur Anwendung bringt ohne dass er dafür ausreichende Gründe hat, hat der Unternehmer lediglich die Nachteilsausgleichsregelung in § 113 BetrVG vorgesehen.

VII. Eingeschränkte Mitbestimmung

Begriff »Mitbestimmung«

Der Begriff »Mitbestimmung« wird vom Gesetzgeber sehr unterschiedlich verwendet. Einerseits ist es der Oberbegriff für die unterschiedlichen Beteiligungsarten von der Anhörung, über die Mitwirkung bis zur Mitbestimmung im engeren Sinne und andererseits steht der Begriff für die stärkste Form der Beteiligung, wie beispielsweise in § 87 und § 99 BetrVG. Allerdings ist auch diese Mitbestimmung i.e.S. nicht gleich ausgestaltet, da im Streitfall einmal die Einigungsstelle und bei personellen Angelegenheiten nach § 99 BetrVG das Arbeitsgericht entscheidet.

»Eingeschränkte« Mitbestimmung

Wir sprechen von der »eingeschränkten Mitbestimmung«, wenn am Ende des Verfahrens nicht eine Einigungsstelle abschließend entscheidet. So ist bei personellen Einzelmaßnahmen die Mitbestimmung des Betriebsrats zwar vorgesehen, aber wenn er seine Zustimmung verweigert, dann entscheidet das Arbeitsgericht (§ 99 Abs. 4 BetrVG).

Von der »vollen Mitbestimmung« kann nur gesprochen werden, wenn das Beteiligungsverfahren mit einer nicht mehr anfechtbaren Entscheidung der Einigungsstelle endet (s. weiterführend S. 87 ff.).

Beginn des Verfahrens

Das Verfahren für die eingeschränkte als auch für die volle Mitbestimmung ist zu Anfang gleich ausgestaltet. Mit dem Mitbestimmungsantrag erfolgen auch die Unterrichtung des Betriebsrats und die Übergabe erforderlicher Unterlagen. Dann ist die Maßnahme mit ihm zu beraten, dies kennen wir schon von der Mitwirkung (s. S. 54).

Der Betriebsrat hat nach Verfahrensbeginn eine Woche Zeit, sich zu dem Zustimmungsantrag zu erklären (§ 99 Abs. 3 BetrVG). Wenn er schweigt, gilt dies als Zustimmung. Wenn er den Antrag ablehnen möchte, hat er dies schriftlich unter Angabe seiner Gründe zu tun.

§§

Zustimmungsersetzung

Erzielen Unternehmen und Betriebsrat keine Einigung, kann das Unternehmen beim Arbeitsgericht beantragen, die Zustimmung des Betriebsrats zu ersetzen (§ 99 Abs. 4 BetrVG). In dringenden Fällen kann es personelle Maßnahmen vorläufig durchführen, bevor Betriebsrat oder Arbeitsgericht entschieden haben (§ 100 BetrVG).

✓

Eingeschränkte Mitbestimmung

Zu der eingeschränkten Mitbestimmung gehört hauptsächlich der Bereich der personellen Maßnahmen nach § 99 BetrVG. Danach unterliegen

- die Einstellung,
- die Eingruppierung,
- die Umgruppierung und
- die Versetzung

von Beschäftigten der Mitbestimmung des Betriebsrats.

Kündigung – Versetzung Betriebsrat

Daneben zählt zu diesem Bereich § 103 BetrVG, wonach die Kündigung oder Versetzung eines Betriebsratsmitglieds und anderer geschützter Personen (JAV etc.) der Zustimmung des Betriebsrats bedarf. Wird diese verweigert, so kann das Arbeitsgericht vom Unternehmen angerufen werden.

Antragsrecht BR

Auch der Betriebsrat kann durch das Arbeitsgericht dem Unternehmen Handlungen aufgeben lassen. So beispielsweise für den Fall, dass er bei einer personellen Maßnahme nicht mitbestimmt hat (§ 101 BetrVG) oder wenn betriebsstörende Beschäftigte entfernt werden sollen (§ 104 BetrVG).

Widerspruchsgründe

Will der Betriebsrat einer personellen Maßnahme widersprechen, so muss er den Widerspruch mit Gründen versehen. Er muss dabei beschreiben, warum konkret diese Maßnahme die Betroffenen benachteiligt, unausgewogen ist oder ähnliches. Er ist durch § 99 Abs. 2 BetrVG in seinen Möglichkeiten begrenzt, darf sich aber nicht darauf beschränken, die gesetzlichen Wortlaute abzuschreiben. In einem gerichtlichen Verfahren zählen nur die Gründe, die er in seinem Widerspruch angeführt hat.

Konkrete Gründe

Zu den gesetzlichen Widerspruchsgründen zählen nach § 99 Abs. 2 BetrVG:

§§

§ 99 Abs. 2 BetrVG

(2) Der Betriebsrat kann die Zustimmung verweigern, wenn

1. die personelle Maßnahme gegen ein Gesetz, eine Verordnung, eine Unfallverhütungsvorschrift oder gegen eine Bestimmung in einem Tarifvertrag oder in einer Betriebsvereinbarung oder gegen eine gerichtliche Entscheidung oder eine behördliche Anordnung verstoßen würde,

2. die personelle Maßnahme gegen eine Richtlinie nach § 95 verstoßen würde,

3. die durch Tatsachen begründete Besorgnis besteht, dass infolge der personellen Maßnahme im Betrieb beschäftigte Arbeitnehmer gekündigt werden oder sonstige Nachteile erleiden, ohne dass dies aus betrieblichen oder persönlichen Gründen gerechtfertigt ist; als Nachteil gilt bei unbefristeter Einstellung auch die Nichtberücksichtigung eines gleich geeigneten befristet Beschäftigten,

4. der betroffene Arbeitnehmer durch die personelle Maßnahme benachteiligt wird, ohne dass dies aus betrieblichen oder in der Person des Arbeitnehmers liegenden Gründen gerechtfertigt ist,

5. eine nach § 93 erforderliche Ausschreibung im Betrieb unterblieben ist oder

6. die durch Tatsachen begründete Besorgnis besteht, dass der für die personelle Maßnahme in Aussicht genommene Bewerber oder Arbeitnehmer den Betriebsfrieden durch gesetzwidriges Verhalten oder durch grobe Verletzung der in § 75 Abs. 1 enthaltenen Grundsätze, insbesondere durch rassistische und fremdenfeindliche Betätigung, stören werde.

Damit sind die Widerspruchsmöglichkeiten bei personellen Maßnahmen eingegrenzt und abschließend beschrieben. Ein Widerspruch aus anderen Gründen wäre unbeachtlich.

1. Fall: Einstellung

§§

Einstellung

In der Firma NN ist eine Stelle frei. Am 1.10. sieht der Betriebsrat, wie ein neuer Kollege von der Abteilungsleiterin angewiesen wird, die Aufgaben der freien Stelle zu übernehmen. Ein Arbeitsvertrag gebe es noch nicht, daher sei der Betriebsrat noch nicht informiert worden. Der Betriebsrat fordert das Unternehmen auf unverzüglich ein Mitbestimmungsverfahren einzuleiten. Er erklärt ferner, dass er einer Neueinstellung widersprechen wird, da einige befristet eingestellte Kolleginnen Vorrang hätten.

BAG v. 27.7.1993 Eingliederung

Der Betriebsrat hat gute Chancen mit seiner Ansicht auch in einem gerichtlichen Verfahren zu gewinnen. Bei der Frage der Mitbestimmung bei Einstellungen kommt es nämlich nicht darauf an, ob ein Arbeitsvertrag abgeschlossen wurde oder nicht. Es kommt nur darauf an, dass der neue Kollege in den Betrieb eingegliedert wird (BAG vom 27.7.1993 in AP Nr. 3 zu § 93 BetrVG). Er also eine Aufgabe im Unternehmen wahrnimmt und einer/einem Vorgesetzten zugeordnet wurde. Beides liegt hier vor, so dass eine mitbestimmungspflichtige Maßnahme gegeben ist.

Neue Widerspruchsgründe

Auch die angekündigten Widerspruchsgründe dürften durchgreifen. Mit der Neuregelung des BetrVG 2001 wurde ausdrücklich die Nichtberücksichtigung von geeigneten befristeten Beschäftigten als Widerspruchsgrund aufgenommen (§ 99 Abs. 2 Nr. 3 BetrVG). Wenn es also geeignete befristete Beschäftigte im Unternehmen gibt, sollen diese bevorzugt berücksichtigt werden.

Ein Antrag an das Arbeitsgericht könnte wie folgt aussehen:

Gerichtlicher Antrag

An das
(zuständige) Arbeitsgericht

Betriebsrat Anragsteller

gegen

Unternehmen Antragsgegner

wegen Feststellung des Mitbestimmungsrechts bei einer personellen Maßnahme.

(Antrag:)

Es wird festgestellt, dass die Einstellung (oder Eingruppierung/Versetzung/Umgruppierung) von Herrn/Frau X zum (Datum) der Zustimmung des Antragstellers bedarf.

Begründung:

(Beschreibung der personellen Maßnahme, bei der das Mitbestimmungsrecht durch das Unternehmen bestritten wird.)

Obwohl das Unternehmen mit Schreiben vom (Datum) aufgefordert wurde bei der Einstellung (oder andere personelle Maßnahme) von Herrn/Frau X zum (Datum) die Mitbestimmungsrechte des Betriebsrats zu beachten, reagierte es nicht.

Das Unternehmen wurde ferner aufgefordert, die Zustimmung des Betriebsrats zu der Maßnahme einzuholen und im Verweigerungsfall das gerichtliche Zustimmungsersetzungsverfahren durchzuführen.

Der Antragsgegner bestreitet jedoch ein Mitbestimmungsrecht des Antragstellers.

Glaubhaftmachung: Eidesstattliche Versicherung von Herrn XY

Der Betriebsrat hat daher in seiner Sitzung am (Datum) beschlossen, durch ein arbeitsgerichtlichs Beschlussverfahren das Bestehen seines Mitbestimmungsrechts feststellen zu lassen.

(Unterschrift)

2. Fall: Eingruppierung

Fall

Eingruppierung und Einstellung

Im Unternehmen PP soll Frau M als Buchhalterin eingestellt werden. Als Eingruppierung ist die Tarifgruppe vier des Tarifvertrages vorgesehen. Der Betriebsrat meint, dass eine höhere Eingruppierung richtiger wäre. Er stimmt der Einstellung zu, widerspricht aber der Eingruppierung. Geht das?

BAG v. 23.11.1993 Eingruppierung

Was ist eigentlich unter »Eingruppierung« zu verstehen? Die Rechtsprechung hat das so beschrieben: Eingruppierung bedeutet die Einreihung der Beschäftigten in das System der Lohn- und Vergütungsgruppen, durch Zuordnung der ausgeübten Tätigkeit zu den Tätigkeitsmerkmalen. Eingruppierung beantwortet somit die Frage: Welches Entgelt bekomme ich für die von mir geleistete Arbeit auf der Basis der geltenden Vergütungsordnung? Als Grundlage einer solchen Vergütungsordnung kommt neben dem Tarifvertrag oder einer Betriebsvereinbarung auch eine betriebliche Übung in Betracht (BAG vom 23.11.1993 in AP Nr. 111 zu § 99 BetrVG I972).

Die tariflichen Entgelte sind in Tarifgruppen geordnet, welche die jeweiligen Anforderungen an den Arbeitenden beschreiben. Aus der Erfüllung der tariflichen Tätigkeitsmerkmale folgt unmittelbar der Anspruch auf die richtige tarifliche Vergütung, ohne dass es einer Maßnahme des Arbeitgebers bedarf (BAG vom 3.5.1994 in AP Nr. 2 zu § 99 BetrVG 1972 Eingruppierung). Die Beschäftigten, die einen Anspruch auf tarifliche Bezahlung haben, haben somit automatisch Anspruch auf die »richtige« Eingruppierung.

BAG v. 3.5.1994 »Richtige« Eingruppierung

Der Betriebsrat kann der falschen Eingruppierung widersprechen. Da Mitbestimmungsrechte bei der Einstellung und für die Eingruppierung bestehen, wird dies als getrennter Vorgang angesehen. Sein begrenzter Widerspruch ist also wirksam. Das Unternehmen hat die Eingruppierung zu überprüfen und ggf. hat das Arbeitsgericht eine Entscheidung herbeizuführen (Beispielsantrag s. S. 64).

VIII. Volle Mitbestimmung

Einigungsstelle entscheidet

Von der »vollen Mitbestimmung« wird immer dann gesprochen, wenn im Streitfall zwischen Betriebsrat und Unternehmen, die Einigungsstelle eingeschaltet werden kann und deren Entscheidung das Unternehmen bindet. Dies trifft auf folgende Mitbestimmungstatbestände zu:

- Die sozialen und sonstigen Maßnahmen nach § 87 BetrVG (von der Arbeitszeit, über technische Einrichtungen bis zur Verhaltens- und Leistungskontrolle).
- Maßnahmen zur Abwendung, Milderung oder Ausgleich von Belastungen am Arbeitsplatz nach § 91 BetrVG.
- Personalfragebögen bedürfen der Zustimmung des Betriebsrats nach § 94 BetrVG.
- Auswahlrichtlinien zu personellen Maßnahmen in Betrieben mit mehr als 500 Beschäftigten nach § 95 Abs. 2 BetrVG.
- Die Einführung betrieblicher Berufsbildung bei Änderung der Arbeitsinhalte nach § 97 Abs. 2 BetrVG.

- Zur Auswahl der Personen, die an betrieblichen oder außerbetrieblichen Bildungsmaßnahmen teilnehmen nach § 98 BetrVG.
- Bei außerordentlichen Kündigungen oder Versetzungen in einen anderen Betrieb gegen den Wunsch der betroffenen Betriebsräte, Jugendvertretung etc. nach § 103 BetrVG.
- Auskunftsansprüche des Wirtschaftsausschusses werden im Streitfall über den Betriebsrat in der Einigungsstelle entschieden (§ 109 BetrVG).
- Sozialpläne im Rahmen von Betriebsänderungen nach § 112 und § 112a BetrVG.

Verfahren

Mit dem Mitbestimmungsantrag erfolgt auch hier die Unterrichtung des Betriebsrats und die Maßnahme ist mit ihm rechtzeitig und eingehend zu verhandeln. Der Betriebsrat kann verlangen, dass die Maßnahme ihm gegenüber von dem Unternehmen begründet wird und er hat die Möglichkeit sich durch Sachverständige beraten zu lassen (§ 80 Abs. 3 und § 111 BetrVG).

Einigungsstelle

Wird keine Einigung zwischen Unternehmen und Betriebsrat erzielt, entscheidet die Einigungsstelle (§ 75 BetrVG). Die Entscheidung bindet in den oben genannten Fällen die Beteiligten. Sie ist inhaltlich gerichtlich nicht anfechtbar. Einer gerichtlichen Überprüfung unterliegen nur Fragen zu Formalien oder Überschreitung von gesetzlichen Vorschriften durch die Einigungsstelle.

1. Fall: Technische Überwachungseinrichtungen

Fall

Ein furchtbar altes und zugleich nach wie vor hochaktuelles Thema ist der Personalabbau durch Rationalisierungseffekte. Diese entstehen vor allem durch die umfassende Anwendung der Möglichkeiten von elektronischen Datenverarbeitungsanlagen (EDV). Das »papierlose Büro« macht ein Heer von Beschäftigten überflüssig: Dokumente werden elektronisch eingelesen und an den jeweiligen Arbeitsplatz übermittelt; Aktenverwaltung, -führung und -lagerung werden in der Maschine vollautomatisch vorgenommen. Dies kann so weit gehen, dass den einzelnen Beschäftigten von der Maschine vorgegeben wird, wann sie was machen sollen, welche Priorität die einzelnen Aufgaben haben und in welcher Reihenfolge sie daher abzuarbeiten sind. Damit geht einher, dass die EDV genau registriert, was die Beschäftigten gerade machen, was sie insgesamt in einer Zeiteinheit erledigt haben und wann sie nicht arbeiteten (Workflow-Management-System).

Diese konkreten Probleme hat der Gesetzgeber zwar nicht vorhersehen können, aber ein Mitbestimmungsrecht besteht bei der Einführung technischer Kontrolleinrichtungen gemäß § 87 Abs. 1 Nr. 6 BetrVG. Im Gesetz heißt es:

§§

§ 87 BetrVG

»Der Betriebsrat hat, soweit eine gesetzliche oder tarifliche Regelung nicht besteht, in folgenden Angelegenheiten mitzubestimmen:

…

6. Einführung und Anwendung technischer Einrichtungen, die dazu bestimmt sind, das Verhalten oder die Leistung der Arbeitnehmer zu überwachen.«

Technische Einrichtung

Unter dem Begriff der »technischen Einrichtung« sind Anlagen oder Geräte zu verstehen, die ohne Verwendung menschlicher, sondern mit anderweitig erzeugter Energie mit den Mitteln der Technik, insbesondere Elektronik, selbstständige Leistungen erbringen (BVerwG vom 31.8. 1988, PersR 1988, 271). Nach der ständigen Rechtsprechung des Bundesarbeitsgerichts fällt unter den Begriff der technischen Überwachung nur ein Vorgang, bei dem zumindest die Erhebung von Daten oder deren Auswertung auf technischem Wege erfolgt (BAG vom 23.4.1985 in AP Nr. 11 zu § 87 BetrVG 1972 Überwachung). Damit ist eine Überwachung allein durch Menschen, wie z.B. das Kontrollieren im Eingang durch den Werksschutz, nicht von dem Mitbestimmungstatbestand erfasst (BAG v. 26.03. 1991 in AP Nr. 21 zu § 87 BetrVG 1972 – Überwachung).

Zu dem technischen Betrieb muss hinzukommen, dass die technische Einrichtung zur Überwachung (Verhaltens- oder Leistungskontrolle) geeignet oder bestimmt ist. Dies wird von den Gerichten immer dann unterstellt, wenn die technische Einrichtung für einen Überwachungsvorgang eingesetzt werden kann, um Fakten oder Daten, denen Bedeutung für die zu überwachende Leistung und das zu überwachende Verhalten von Beschäftigten zukommt, zu verarbeiten (aufzunehmen, zu übermitteln, zu bearbeiten oder auszuwerten).

Potenzielle Möglichkeit reicht

Es kommt dabei nicht darauf an, ob das Unternehmen die Absicht hat, die Beschäftigten zu überwachen oder zu kontrollieren. Es reicht die objektive Möglichkeit, durch diese technische Einrichtung das Verhalten oder die Leistung der Beschäftigten überwachen zu können (BAG vom 14.5.1974 in AP Nr. 1 zu § 87 BetrVG 1972 Überwachung). Eine technische Einrichtung ist beispielsweise schon dann objektiv zur Überwachung geeignet, wenn die Datenverarbeitungsanlage ohne größere Schwierigkeiten und ohne großen Aufwand mit einem entsprechenden Programm versehen werden kann.

Überwachungsdruck

Es reicht aus, dass die Beschäftigten befürchten müssen, während der Arbeit mit Hilfe technischer oder elektronischer Kontrolleinrichtung jederzeit beobachtet oder in anderer Weise fortlaufend kontrolliert zu werden. Dieser entstehende Überwachungsdruck behindert die Beschäftigten in der freien Entfaltung ihrer Persönlichkeit. Der Schutzzweck der Mitbestimmungsvorschriften gebietet dann die Beteiligung des Betriebsrats.

2. Fall: Sozialplan und Interessenausgleich

Die Anzahl der Betriebsänderungen größeren Ausmaßes dürfte kaum noch zählbar sein. Da wurde verschmolzen, ausgegliedert, aufgeteilt, zerstückelt, neu organisiert und zusammengefasst. Begründet wird dies immer mit angeblichen betriebswirtschaftlichen Notwendigkeiten. Einher gehen mit diesen Betriebsänderungen in der Regel Rationalisierungsmaßnahmen und damit ein Personalabbau. Daher ist der Anspruch auf einen Sozialplan und Interessenausgleich gemäß § 112 BetrVG als Reaktionsmöglichkeit sehr wichtig.

§§ 112 Abs. 1 BetrVG
Interessenausgleich über die Betriebsänderung, Sozialplan

§§

§ 112 BetrVG

(1) Kommt zwischen Unternehmer und Betriebsrat ein Interessenausgleich über die geplante Betriebsänderung zu Stande, so ist dieser schriftlich niederzulegen und vom Unternehmer und Betriebsrat zu unterschreiben. Das Gleiche gilt für eine Einigung über den Ausgleich oder die Milderung der wirtschaftlichen Nachteile, die den Arbeitnehmern infolge der geplanten Betriebsänderung entstehen (Sozialplan). Der Sozialplan hat die Wirkung einer Betriebsvereinbarung. § 77 Abs. 3 ist auf den Sozialplan nicht anzuwenden.

Interessenausgleich

Herkömmlicherweise werden im Interessenausgleich die konkreten Regelungen für die geplanten Strukturveränderungen vereinbart. Dazu kommen oft Maßnahmen für die im Betrieb verbliebenen Beschäftigten (von Arbeitszeitverkürzung bis Aufhebungsvertrag) und Regelungen zu den Betriebsratsmandaten (Übergangsmandat etc.). Der Sozialplan enthält herkömmlicherweise im Wesentlichen Regelungen über materielle Entschädigungsleistungen für die von der Personalkürzung betroffenen Beschäftigten.

Ein Interessenausgleich nach § 112 BetrVG wird als eine »kollektive Vereinbarung besonderer Art« bezeichnet und behandelt. Dies bedeutet, dass Ansprüche aus einem Interessenausgleich weder vom Betriebsrat, noch von den einzelnen Beschäftigten gegen das Unternehmen durchgesetzt werden können. Verstöße füOhren lediglich zu Individualansprüchen auf Nachteilsausgleich nach § 113 BetrVG (vgl.BAG v. 17.10.1989 in AP Nr. 53 zu § 112 BetrVG).

Auf der anderen Seite ist gerade der Interessenausgleich das Druckmittel im Rahmen der Verhandlung bei Betriebsänderung. Betriebsänderungen dürfen nämlich erst durchgeführt werden, wenn ein Interessenausgleich abgeschlossen wurde oder die Verhandlungen gescheitert sind.

Aus diesen Gründen schließen Betriebsräte in der Regel Sozialplan und Interessenausgleich zusammen ab, da sie sonst mit dem Abschluss des Interessenausgleichs ihre »Machtmittel« aus der Hand geben und bei Sozialplanverhandlungen im Grunde nichts einzusetzen hätten.

Sozialplan

Die Besonderheit eines Sozialplanes gegenüber »einfachen« Betriebsvereinbarungen liegt insbesondere in dem fehlenden Tarifvorbehalt, damit können auch Sachverhalte geregelt werden, die sonst unter § 77 Abs. 3 BetrVG fallen. Also z.B. betriebliche Sonderzahlungen, Urlaubsansprüche, Kündigungsfristen sind regelbar. Ferner ist der Sozialplan erzwingbar, gilt auch nach Betriebsauflösung grundsätzlich fort und wird auch im Wege eines Restmandates von Betriebsräten »überwacht«.

Sozialplaninhalte

Der Sozialplan kann in zwei Teile aufgeteilt werden. Der eine Teil enthält alle Regelungen für die im Unternehmen verbleibenden Beschäftigten (Personelle Maßnahmen, wie Versetzung, Fortbildung, Alterversorgung, Stellenausschreibung etc.). Er kann damit auch Regelungen zur Beschäftigungssicherung (§ 92a BetrVG) enthalten. Der anderen Teil regelt die Ansprüche derer, die aus dem Unternehmen ausscheiden (z.B. Übergang in eine Transfer-/Qualifizierungsgesellschaft, Altersteilzeit, Abfindungen). Dazu können noch andere notwendige Regelungen treten, wie beispielsweise Absprachen zur Altersversorgung, Versetzungen und deren Zumutbarkeit oder Regelungen zur Stellenausschreibung.

Durchsetzbarkeit

Hinsichtlich der Durchsetzbarkeit unterscheiden sich Interessenausgleich und Sozialplan erheblich. Zwar kann für die Regelung eines Interessenausgleichs auch die Einigungsstelle angerufen werden (§ 112 Abs. 2 BetrVG), jedoch ist deren Entscheidung für das Unternehmen nicht bindend. Anders bei einem Sozialplan, dort ersetzt die Entscheidung der Einigungsstelle, die Einigung der Parteien (§ 112 Abs. 4 BetrVG).

IX. Initiativrechte

§ 80 II BetrVG
Informationsrecht

Der Betriebsrat kann selbst aktiv werden. Grundlage dafür ist, dass er über alle Vorgänge im Unternehmen informiert wird. Dieses Informationsrecht ist die Basis der Zusammenarbeit zwischen Unternehmen und Betriebsrat, die gemäß § 2 BetrVG vertrauensvoll sein soll. Das heißt in der Praxis, dass bevor Planungen zu einer Betriebsänderung aufgenommen, Arbeitsgruppen eingesetzt und Projekte initiiert werden, der Betriebsrat über diese Ideen zu informieren ist. Dies folgt auch aus dem allgemeinen Informationsanspruch nach § 80 Abs. 2 BetrVG, wonach ein umfassendes Informationsrecht besteht.

Die Information des Betriebsrats kann beispielsweise in den Monatsgesprächen (§ 74 Abs. 1 BetrVG) erfolgen, da dort alle Angelegenheiten des Betriebes zu besprechen sind. Weiter konkretisiert wird das Informationsrecht u.a. in § 90 BetrVG, danach ist bei allen baulichen Veränderungen, bei Planungen bezüglich technischer Anlagen, der Arbeitsverfahren oder Arbeitsabläufe oder Arbeitsplätze der Betriebsrat unter Vorlage der Unterlagen rechtzeitig zu unterrichten. Für personelle Angelegenheiten wird dies in § 92 BetrVG festgeschrieben.

Dem Betriebsrat steht ein allgemeines Initiativrecht zu, wonach er sich in dem Unternehmen frei bewegen, die Kolleginnen und Kollegen am Arbeitsplatz aufsuchen und allgemein selbst Informationen sammeln darf. Daneben steht dem Betriebsrat ein qualifiziertes Initiativrecht zu, weil

Mitbestimmung schon begrifflich beide Teile (Anträge des Unternehmens und Anträge des Betriebsrates) umfasst (BAG vom 14.11.1974 in AP Nr. 1 zu § 87 BetrVG 1972). Von einem qualifiziertem Initiativrecht kann gesprochen werden, wenn der Betriebsrat Maßnahmen beantragen darf oder die Möglichkeit hat, selbst Betriebsvereinbarungen vorzuschlagen.

Reichweite

Die Frage, ob der Betriebsrat sich mit seinen Initiativanträgen durchsetzen kann, ist abhängig von dem Bereich in dem er sich bewegt. Sind in dem Bereich nur Anhörungsrechte vorgesehen, so geht sein Initiativrecht auch nicht weiter. Bewegt er sich aber im Bereich der vollen Mitbestimmung, so entscheidet auch über seine Initiativen die Einigungsstelle im Streitfall.

1. Fall: Vorschlagsrecht zur Beschäftigungssicherung

z.B.

Beratungsrecht

Mit der Neuregelung des Betriebsverfassungsgesetzes 2001 hat der Gesetzgeber über die reinen Beratungsrechte hinaus noch ein Vorschlagsrecht des Betriebsrats aufgenommen.

§§

§ 92a Beschäftigungssicherung

§ 92a BetrVG

(1) Der Betriebsrat kann dem Arbeitgeber Vorschläge zur Sicherung und Förderung der Beschäftigung machen. Diese können insbesondere eine flexible Gestaltung der Arbeitszeit, die Förderung von Teilzeitarbeit und Altersteilzeit, neue Formen der Arbeitsorganisation, Änderungen der Arbeitsverfahren und Arbeitsabläufe, die Qualifizierung der Arbeitnehmer, Alternativen zur Ausgliederung von Arbeit oder ihrer Vergabe an andere Unternehmen sowie zum Produktions- und Investitionsprogramm zum Gegenstand haben.

(2) Der Arbeitgeber hat die Vorschläge mit dem Betriebsrat zu beraten. Hält der Arbeitgeber die Vorschläge des Betriebsrats für ungeeignet, hat er dies zu begründen; in Betrieben mit mehr als 100 Arbeitnehmern erfolgt die Begründung schriftlich. Zu den

Beratungen kann der Arbeitgeber oder der Betriebsrat einen Vertreter des Arbeitsamtes oder des Landesarbeitsamtes hinzuziehen.

Ideen zur Beschäftigungssicherung

Damit enthält das Betriebsverfassungsgesetz ein Element mit dem der Betriebsrat aktiv versuchen kann künftige Entlassungen zu vermeiden. Er kann ganz früh die Initiative ergreifen und das Unternehmen ist gezwungen, sich mit den Vorschlägen (Beispiele und Möglichkeiten in: Thannheiser, Beschäftigungssicherung, Bund Verlag 2005) des Betriebsrats auseinander zu setzen. Dieses Vorschlagsrecht baut auch nicht auf Betriebsänderungen auf, sondern ist davon völlig unabhängig. Der Betriebsrat entscheidet selbst, wann er Vorschläge zur

- flexiblen Gestaltung der Arbeitszeit,
- zu neuen Formen der Arbeitsorganisation,
- zu Änderungen der Arbeitsverfahren und Arbeitsabläufe,
- zur Qualifizierung der Arbeitnehmer,
- zu Alternativen zur Ausgliederung von Arbeit oder ihrer Vergabe an andere Unternehmen oder
- Alternativen zum Produktions- und Investitionsprogramm

dem Unternehmen unterbreitet.

Beratungsrecht

Das Unternehmen muss diese Vorschläge mit dem Betriebsrat beraten. Es muss sich also mit den Vorschlägen auseinandersetzen. Dies wird auch dadurch deutlich, dass es eine ablehnende Haltung in Betrieben mit mehr als 100 Beschäftigten sogar schriftlich begründen muss. Auch die sinnvolle Möglichkeit einen Vertreter der Bundesagentur für Arbeit hinzuzuziehen ist im Gesetz ausdrücklich festgeschrieben.

Sollte das Unternehmen alle Vorschläge des Betriebsrats verwerfen, wird es bei später notwendigen Betriebsänderungen im Interessenausgleich und Sozialplan diese Vorschläge erneut aufgreifen müssen. Sollten Kündigungen vom Unternehmen geplant werden, wird es Schwierigkeiten haben, deren betriebliche Begründung zu belegen, wenn es jeglichen Versuch zur frühzeitigen Vermeidung abgelehnt hat.

2. Fall: Qualifizierungsmaßnahmen

z.B.

Qualifizierung

Der Betriebsrat hat die Möglichkeit bereits ganz früh initiativ tätig zu werden und kann versuchen nachteilige Entwicklungen für seine Kolleginnen und Kollegen zu vermeiden. Sobald er erkennt, dass sich beispielsweise die Tätigkeiten laufend verändern und mit den herkömmlichen Kenntnissen nicht mehr zu bewältigen sind, kann er auf Abhilfe dringen. Mit der Regelung in § 97 Abs. 2 BetrVG kann er auf solche Veränderungen reagieren und das Unternehmen kann sich dem nicht entziehen, da im Streitfall die Einigungsstelle entscheidet.

§§

In § 97 Abs. 2 BetrVG heißt es:

§ 97 BetrVG

(2) Hat der Arbeitgeber Maßnahmen geplant oder durchgeführt, die dazu führen, dass sich die Tätigkeit der betroffenen Arbeitnehmer ändert und ihre beruflichen Kenntnisse und Fähigkeiten zur Erfüllung ihrer Aufgaben nicht mehr ausreichen, so hat der Betriebsrat bei der Einführung von Maßnahmen der betrieblichen Berufsbildung mitzubestimmen. Kommt eine Einigung nicht zu Stande, so entscheidet die Einigungsstelle. Der Spruch der Einigungsstelle ersetzt die Einigung zwischen Arbeitgeber und Betriebsrat.

Voraussetzungen

Der Betriebsrat kann also tätig werden, wenn Maßnahmen durchgeführt werden, die

- die Tätigkeiten der Beschäftigten ändern werden oder
- wonach die bisherigen beruflichen Kenntnisse und Fähigkeiten zur Aufgabenerfüllung nicht mehr ausreichen.

Nicht erforderlich ist eine umfassende Betriebsänderung nach § 111 BetrVG, mit einer grundlegenden Änderung im Betrieb. Es ist auch nicht erforderlich, dass Nachteile für die Beschäftigten bereits erkennbar sind. Damit besteht die Möglichkeit frühzeitig einzugreifen und bereits auf »schleichende Veränderungen« zu reagieren.

Ergänzung durch § 96 und § 98 BetrVG

Die Initiative des Betriebsrats richtet sich auf die Einführung entsprechender betrieblicher Berufsbildungsmaßnahmen nach § 97 Abs. 2 BetrVG. Sie richtet sich weiter auf die Ermittlung des Berufsbildungsbedarfs (§ 96 BetrVG) und der Bestimmung wer welche Qualifizierung brauchen könnte. Dazu kann er Vorschläge zu der Teilnahme an Qualifizierungsmaßnahmen für Beschäftigte oder auch Gruppen von Beschäftigten machen (§ 98 Abs. 3 BetrVG).

Einigungsstelle entscheidet

Wird keine Einigung erzielt, kann die Einigungsstelle (s. S. 87 ff.) angerufen werden. Sie entscheidet abschließend; das heißt, dass ihre Entscheidung von dem Unternehmen durchgeführt werden muss. Sie legt fest
- welche Maßnahmen der betrieblichen Bildung einzuführen sind (§ 97 Abs. 2 BetrVG) und
- welche Personen an derartigen Maßnahmen teilnehmen dürfen (§ 98 Abs. 4 BetrVG).

Auch Betriebsvereinbarungen

Damit hat der Betriebsrat ein Initiativrecht, das nicht von dem guten Willen des Unternehmens abhängig ist, sondern im Zweifel und bei Vorliegen guter Gründe auch gegen das Unternehmen durchgesetzt werden kann. Dies gilt neben den oben genannten Beispielen in der beruflichen Bildung auch für alle Initiativen, die sich auf Mitbestimmungsrechte beziehen, wo im Streitfall die abschließende Entscheidung der Einigungsstelle vorgesehen ist (z.B. Regelungen in § 87 BetrVG). Neben einzelnen Maßnahmen könnten auch Betriebsvereinbarungen von dem Betriebsrat initiiert werden. Auch diese würden im Bereich der vollen Mitbestimmung letztlich in der Einigungsstelle diskutiert – und bestimmbar sein.

X. Vorläufige Maßnahmen

Vorläufige Regelungen

Wenn sich der Betriebsrat und das Unternehmen in einer beteiligungspflichtigen Angelegenheit streiten, kann es Wochen und Monate dauern, bis eine Letztentscheidung der Einigungsstelle oder des Arbeitsgerichts herbeigeführt worden ist. Grundsätzlich muss jedoch das Unternehmen das Mitbestimmungsverfahren abwarten, bevor es Maßnahmen durchführt. Dies folgt schon aus dem logischen Gedanken, dass eine Mitbestimmung nur möglich ist, wenn eine Maßnahme noch gestaltungsfähig ist, also noch nicht durchgeführt wurde. Dieser Grundsatz wurde für bestimmte personelle Maßnahmen durchbrochen.

Personelle Maßnahmen

Wenn es um

- eine Einstellung,
- eine Eingruppierung,
- eine Umgruppierung oder
- eine Versetzung geht (§ 99 Abs. 1 BetrVG),

kann das Unternehmen bei Vorliegen dringender sachlicher Gründe diese Maßnahmen vorläufig durchführen (§ 100 BetrVG).

Arbeitsgericht entscheidet

Von dieser vorläufigen Durchführung ist jedoch der Betriebsrat unverzüglich zu unterrichten. Bestreitet der Betriebsrat, dass die Durchführung dringend erforderlich ist, so muss innerhalb von drei Tagen das Arbeitsgericht angerufen werden (§ 100 Abs. 2 BetrVG). Das Arbeitsgericht entscheidet dann, wessen Ansicht richtig ist. Es bestätigt also entweder das Unternehmen oder gibt ihm auf, die vorläufige Maßnahme nicht mehr aufrecht zu erhalten. Sollte das Unternehmen einer negativen Entscheidung des Gerichts nicht folgen, so kann wiederum der Betriebsrat das Arbeitsgericht anrufen. Dieses könnte unter Festsetzung eines Zwangsgeldes das Unternehmen zur Aufhebung der Maßnahme veranlassen (§ 101 BetrVG).

BR ruft Arbeitsgericht an

Auch wenn das Unternehmen personelle Maßnahmen durchführen sollte, ohne den Betriebsrat zu informieren und ein Mitbestimmungsverfahren einzuleiten, kann dieser sein Recht beim Arbeitsgericht nach § 101 BetrVG einklagen. Da ein Einigungsstellenverfahren für personelle Maßnahmen nach § 99 BetrVG nicht vorgesehen ist, hat der Gesetzgeber diese Möglichkeit zur Erzwingung der Mitbestimmung geschaffen.

Ein Antrag könnte wie folgt aussehen:

Gerichtlicher Antrag nach § 101 BetrVG

An das
(zuständige) Arbeitsgericht

Betriebsrat

Anragsteller

gegen
Unternehmen

Antragsgegner

wegen Aufhebung einer personellen Maßnahme.
(Antrag:)

1. Dem Antragsgegener wird aufgegeben die Einstellung (oder Versetzung) von Herrn/Frau X zum (Datum) aufzuheben.
2. Für jeden Tag der Zuwiderhandlung gegen die Verpflichtung aus Nr. 1 wird dem Antragsgegner ein Ordnungsgeld von 500,- Euro angedroht.

Begründung:

Der Antragsgegner teilte am (Datum) dem Antragsteller mit, dass er die Einstellung (oder Versetzung) von Herrn/Frau X zum (Datum) beabsichtige. Der Antragsteller hat daraufhin in seiner Sitzung vom (Datum) beschlossen, der Einstellung/ Versetzung zu widersprechen.

Glaubhaftmachung: Protokoll der Betriebsratssitzung vom ...

Dies wurde dem Antragsgegner am gleichen Tag schriftlich mitgeteilt.

Glaubhaftmachung: Schreiben vom ...

Das Unternehmen wurde ferner aufgefordert das gerichtliche Zustimmungsersetzungsverfahren durchzuführen. Der Antragsgegner hat jedoch kein gerichtliches Zustimmungsersetzungsverfahren eingeleitet.

Der Betriebsrat hat daher in seiner Sitzung am (Datum) beschlossen, ein arbeitsgerichtlichs Beschlussverfahren nach § 101 BetrVG einzuleiten.

Glaubhaftmachung: Protokoll der Betriebsratssitzung vom ...

Es wird gebeten möglichst zeitnah einen Termin zur mündlichen Verhandlung anzuberaumen.

(Unterschrift)

XI. Hilfe durch und für den Wirtschaftsausschuss

In Unternehmen mit mehr als einhundert Beschäftigten ist ein Wirtschaftsausschuss zu bilden (§ 106 BetrVG). Dieser hat die Aufgabe wirtschaftliche Angelegenheiten mit dem Unternehmen zu beraten und den Betriebsrat zu informieren. Zu diesem Zweck ist er über alle wirtschaftlichen Angelegenheiten des Unternehmens zu unterrichten (Ausnahme Betriebsgeheimnisse, deren Bekanntgabe das Unternehmen gefährden könnten). Zu den Informationen gehören gem. § 106 Abs. 3 BetrVG:

Informationsrechte des Wirtschaftsausschusses

1. die wirtschaftliche und finanzielle Lage des Unternehmens;
2. die Produktions- und Absatzlage;
3. das Produktions- und Investitionsprogramm;
4. Rationalisierungsvorhaben;
5. Fabrikations- und Arbeitsmethoden, insbesondere die Einführung neuer Arbeitsmethoden;

5a. Fragen des betrieblichen Umweltschutzes;

6. die Einschränkung oder Stilllegung von Betrieben oder von Betriebsteilen;
7. die Verlegung von Betrieben oder Betriebsteilen;

8. der Zusammenschluss oder die Spaltung von Unternehmen oder Betrieben;
9. die Änderung der Betriebsorganisation oder des Betriebszwecks sowie
10. sonstige Vorgänge und Vorhaben, welche die Interessen der Arbeitnehmer des Unternehmens wesentlich berühren können.

Entscheidung der Einigungsstelle

Erhält der Wirtschaftssausschuss nicht alle Informationen von Unternehmen, so kann er den Betriebsrat um Vermittlung bitten. Kommt zwischen Betriebsrat und Unternehmen auch keine Einigung zustande, so kann der Betriebsrat die Einigungsstelle anrufen. Diese kann ggf. Sachverständige hören und entscheidet dann abschließend (§ 109 BetrVG).

D. Wie werden Probleme im Betrieb gelöst?

Arbeitsstrategie finden

Wir haben bei den Mitbestimmungsrechten gesehen, dass der Betriebsrat früh zu informieren ist und mit seinen Argumenten von dem Unternehmen gehört werden soll. Dazu muss er zuerst seine eigene Meinung oder Position bestimmen und sich überlegen, wie er die von ihm vertretenen Interessen durchsetzt. Es gilt, eine optimale Strategie zu finden. Es hat sich als praxisgerechtes und Zeit sparendes Vorgehen erwiesen, dass zu lösende Problem in verschiedenen Schritten zu bearbeiten. Dafür denkbare fünf Schritte zeigt die nachfolgende Abbildung.

Systematisch arbeiten

1. **Orientieren**
   Informationen beschaffen
2. **Untersuchen**
   Mögliche Auswirkungen analysieren
3. **Fordern**
   Alle denkbaren Ziele – ohne Schere im Kopf – sammeln
4. **Umsetzung planen**
   Durchsetzung prüfen
   a) »politisch«
   b) rechtlich
5. **Handeln**
   Handlungsplan erstellen, Strategien umsetzen

Ziel

Systematisches Arbeiten bedeutet dabei auch, dass die einzelnen Schritte der Reihe nach abgearbeitet werden. So erarbeitet sich der Betriebsrat Schritt für Schritt seine Strategie zur Problemlösung.

I. Orientieren

1. Schritt:

Orientieren — Wer ist wovon betroffen. Informationen beschaffen.

Alle Informationsquellen nutzen

Um ein Problem bearbeiten zu können, ist es erforderlich, dass der Betriebsrat über alle erforderlichen Informationen verfügt. Zu einem möglichst frühen Zeitpunkt sollte daher ein Mitglied des Betriebsrats für die Informationsbeschaffung verantwortlich sein. Oftmals werden die Informationen nicht vollständig vorliegen, sondern bruchstückhaft, teilweise belegt und teilweise lediglich als Gerücht. Aber darauf zu warten, dass zu irgendeinem Zeitpunkt alle Informationen vorhanden sind, würde den Betriebsrat lähmen. Deshalb ist es ratsam, bereits mit den vorliegenden Informationen die möglichen Auswirkungen zu analysieren.

II. Untersuchen

2. Schritt:

Untersuchen — Mögliche Auswirkungen analysieren.

Der Fantasie freien Lauf lassen

Im nächsten Schritt werden vom Betriebsrat die möglichen Auswirkungen ermittelt. Wichtig ist hierbei, dass alle denkbaren Auswirkungen zu Tage gefördert werden. Die Auswirkung, die die einzelnen Kollegen sehen, sind natürlich abhängig von deren eigenen Erfahrungen, Kenntnissen und Einschätzungen. All diese unterschiedlichen Erkenntnisse sollen zusammen getragen werden. Es ist daher wichtig, dass hier nicht einzelne Kollegen bereits den Mut verlieren, ihre Meinung zu äußern. Es sollte deswegen kritiklos in diesem Schritt alles aufgenommen werden, was den Betriebsratsmitgliedern einfällt (Brainstorming).

Sich nicht gegenseitig einschränken

Es kommt dabei nicht darauf an, ob die Auswirkung, die sich die einzelnen Betriebsratsmitglieder vorstellen können, tatsächlich eintreten, sondern darauf, dass es mögliche Auswirkungen sind und damit alle Eventualitäten beachtet werden können. Auch im Brainstorming kann zielgerichtet gedacht werden. Es kann also z.B. die Ideensammlung auf die Gruppe der betroffenen Beschäftigten oder auf die Auswirkung für andere verbundene Abteilungen ausgerichtet werden.

III. Fordern

3. Schritt:

Fordern	Forderungen intern aufstellen, ohne »Schere im Kopf«.

Konsequenterweise folgt auf die Analysephase eine Phase der Forderungs- oder auch der Zielaufstellung. Auch hier wird im Brainstorming alles aufgenommen, was die Betriebsratsmitglieder sich vorstellen können. Der Fantasie soll wieder freier Lauf gelassen werden und sei die Forderung noch so unrealistisch und absurd.

Alle Forderungen diskutieren

Erst in einem nächsten Schritt wird dann überprüft, was von diesen Forderungen realisiert werden soll und kann. Damit wird erreicht, dass auch Forderungen diskutiert werden, die vielleicht im Augenblick nicht durchsetzbar erscheinen, es jedoch auf längere Sicht möglicherweise sein können. Solche Forderungen kämen bei Beschränkungen, die man sich von vornherein auferlegt, nie zur Sprache. Alle Forderungen werden nach ihrer Realisierungsmöglichkeit in einen kurz-, mittel- oder langfristigen Bereich aufgegliedert.

Diese Forderungen beziehen sich auf die im zweiten Schritt ermittelten Auswirkungen und werden diesen zugeordnet. Eine Wertung findet noch nicht statt.

IV. Umsetzung planen

4. Schritt:

Umsetzung planen — Durchsetzung prüfen.

Den Maßstab »Realität« anlegen

In einem weiteren Schritt werden die aufgestellten Forderungen auf ihre Durchsetzbarkeit hin überprüft. Jede der aufgestellten Maximalforderungen wird dahingehend untersucht, ob sie realisierbar ist. Bei der Frage nach der Durchsetzbarkeit der Forderungen ist nicht nur auf die rechtlichen Möglichkeiten zu schauen, sondern auch auf die »betriebspolitischen« Möglichkeiten zu achten.

»Politische« Möglichkeiten

An erster Stelle steht die Prüfung der Möglichkeiten der »politischen« Durchsetzbarkeit. Damit ist all das gemeint, was außerhalb von rechtlich vorgesehenen Verfahren zur Verfügung steht. Also verhandeln, die Kolleginnen und Kollegen informieren, Flugblätter, Personalversammlungen und vieles mehr. Dies ist der Bereich, in dem die Betriebsräte in der Regel agieren. Die rechtlichen Durchsetzungsmöglichkeiten werden in der Praxis nur ausnahmsweise genutzt. Die Frage, inwieweit Mitbestimmungsrechte ausgeübt werden oder ob der Einfluss des Betriebsrats über die gegebenen Mitbestimmungsrechte hinausgeht, ist eine Frage der tatsächlichen Durchsetzungsfähigkeit des Betriebsrats.

Einschätzung der eigenen Möglichkeiten

Die aufgestellten Forderungen, die quasi ohne Rechtsgrundlage dastehen, sind auf ihre Durchsetzbarkeit hin zu prüfen. Der Betriebsrat schätzt dabei ein, welche Druckmittel ihm zur Verfügung stehen, welche Durchsetzungskraft er selbst entfaltet, welche Konflikte er wie lange durchhalten kann und wie es mit der Unterstützung durch die Belegschaft aussieht.

Von den ermittelten denkbaren Forderungen werden diejenigen aussortiert, die der Betriebsrat für nicht durchsetzbar hält. Es bleiben dann die Forderungen übrig, die er für durchsetzbar hält. Möglicherweise ergibt sich in der Diskussion ferner, dass die Maximalforderung für nicht erreichbar gehalten wird, jedoch Kompromisslinien vorstellbar sind, die das Unternehmen mittragen würde.

Kraft der rechtlichen Argumente prüfen

Als nächstes ist zu prüfen, welche rechtlichen Möglichkeiten es gibt. In diesem Prüfungsschritt ist zu jeder Forderung festzustellen, ob es Beteiligungsrechte nach dem Betriebsverfassungsrecht gibt, die eine Einflussnahme ermöglichen. Die Beteiligungsrechte wären nach dem Grad ihrer Durchsetzungsmacht zu sortieren. Es ist dann zu überlegen, welche Forderungen mit welchen rechtlichen Instrumenten durchgesetzt werden könnten; für welche Tatbestände das Unternehmen also die Zustimmung des Betriebsrats benötigt. Ferner welche Maßnahmen zwar nicht zustimmungspflichtig sind, jedoch ein Beteiligungsverfahren auslösen.

Unrealistische Forderungen aussortieren

Der Betriebsrat wird am Ende feststellen müssen, dass ein Teil seiner Forderungen weder politisch noch rechtlich durchsetzbar erscheint. Dann muss geprüft werden, ob diese Forderungen gänzlich fallen gelassen werden sollen oder ob es möglich erscheint, die Forderung umzuwandeln oder zu einem späteren Zeitpunkt zu realisieren. Denkbar wäre auch, dass sich bestimmte Bedingungen ändern müssen, um Forderungen durchsetzen zu können. Hier ist vom Betriebsrat zu entscheiden, ob er diese Veränderungen angehen kann und will.

V. Handeln

5. Schritt:
Handeln — Handlungsplan erstellen.

Strategieplanung

Vor dem Verhandeln, dem Initiativ werden und dem ersten Schritt, ist die Strategie des Vorgehens zu entwerfen. Der Betriebsrat hat zu entscheiden, welche Ziele er zu welchem Zeitpunkt verfolgen will. Er legt fest, welche Betriebsratsmitglieder für welche Bereiche verantwortlich sind. Es wird ein Zeitplan aufgestellt, der die Durchführung der Aktionen beschreibt und möglicherweise auch parallele Durchführung von Aktionen vorsieht. In die Handlungsüberlegung fließt auch immer ein, was von dem Unternehmen als Gegenreaktion zu erwarten sein wird. Der Betriebsrat überlegt dann zu jeder denkbaren Antwort und Aktion des Unternehmens, wie er seinerseits darauf reagieren kann.

Gegenreaktionen einplanen

Der Betriebsrat sorgt dafür, dass der Informationsstand zu diesem Zeitpunkt möglichst vollständig ist. Nur so lassen sich die Reaktionen dem Unternehmen einigermaßen verlässlich vorhersagen. Sind Informationen erst zu einem späteren Zeitpunkt zu erhalten, sollte überlegt werden, ob der Handlungsplan ggf. verändert werden muss.

Es lohnt sich durchaus, auch in diese Phase Zeit zu investieren. Strategien genau zu durchdenken und Gegenstrategien schon im Vorhinein aufzunehmen. Dies vermindert das Risiko, dass Aktivitäten in einer Sackgasse enden und die Betriebsratsarbeit insgesamt als frustrierend, da nicht erfolgreich, empfunden wird.

Verlaufsprotokoll

Der Betriebsrat beginnt nach Aufstellung des Planes zu handeln. Im Idealfall würde er sich über dieses Handeln, seine einzelnen Schritte und die Gegenreaktion jeweils Rechenschaft ablegen. Das Betriebsratsmitglied, das verantwortlich ist, würde dann eine Art Verlaufsprotokoll aufstellen. Der Betriebsrat könnte in Zwischenschritten immer wieder kontrollieren, ob seine Strategie und die vermutete Dienststellenstrategie tatsächlich der Planung entsprechen und gegebenenfalls ändernd eingreifen. Eine abschließende Zielkontrolle und ein schriftliches Festhalten der Ergebnisse wären für die Zukunft nützlich, da bei ähnlichen Maßnahmen gleiche Fehler vermieden werden könnten.

Die einzelnen Schritte sind in der nachfolgenden Checkliste zusammengefasst.

Methoden zur Problemlösung

Ablaufplan

Ablaufplan

1. Informationen beschaffen
- Wer ist wie wovon betroffen?
- Welche offenen Fragen haben wir?
- Wer beschafft wie welche Informationen?

2. Alle denkbaren Auswirkungen analysieren
- Was kann passieren?
- Wie können sich die Tätigkeiten ändern?
- Gibt es räumliche Veränderungen?

3. Maximalforderung aufstellen
- Welche Ziele haben wir?
- Was wäre für die Beschäftigten am besten?
- Was muss das Unternehmen tun?

4. Politische und rechtliche Durchsetzbarkeit überprüfen
- Welche politischen Möglichkeiten haben wir?
- Wie ist die Rechtslage?
- Wer kann uns unterstützen?

5. Handlungsplan, Anwendung und Zielkontrolle
- Wo liegen unsere Stärken und Schwächen?
- Wer ist für was verantwortlich?
- Wie können wir unsere Erfolge/Misserfolge dokumentieren und kontrollieren?

E. Kann sich der Betriebsrat gegen das Unternehmen durchsetzen?

Früh orientieren und planen

Wir haben die Rechtspositionen des Betriebsrats besprochen, seine Möglichkeiten Strategien zu entwickeln und wollen nun sehen, wie es mit den tatsächlichen Durchsetzungsmöglichkeiten aussieht. Oft ist die Frage, ob sich der Betriebsrat mit seinen Ansichten und Forderungen durchsetzt, nicht von der Rechtslage abhängig, sondern von seinem Vorgehen. Denn in der Regel hat auch das Unternehmen ein Interesse an einer einvernehmlichen Zusammenarbeit und nimmt möglicherweise sogar Anregungen des Betriebsrats bei der Vorbereitung von Maßnahmen gern auf.

Gute Vorbereitung nötig!

Kommt es zu Verhandlungen und Gesprächen, sind diese unbedingt eingehend vorzubereiten. Minimal- und Maximalpositionen werden bestimmt und Kompromisslinien festgelegt. Verhandlungsführer, Strategien und Argumente sind zu finden und vorher zu besprechen. Es lohnt sich, die Verhandlungen als Rollenspiel vorweg »durchzuspielen«.

Ich bin der Ansicht, dass mit Verhandlungen mehr zu erreichen ist, als mit gerichtlichen Verfahren und Einigungsstellen. Wenn eine Einigungsstelle oder ein Richterspruch nötig werden, bedeutet dies, dass die Parteien vorher in gewissem Sinn gescheitert sind. Sie werden beide höchstwahrscheinlich im Einigungsstellenverfahren nicht mehr, sondern weniger bekommen als sie bisher forderten. Dennoch sollen Sie diese Möglichkeiten kennen lernen.

I. Einigungsstelle

»Kann-Regel«

Für Angelegenheiten, die der Mitbestimmung des Betriebsrats unterliegen, bestimmt § 76 BetrVG das zur Beilegung von Meinungsverschiedenheiten eine Einigungsstelle zu bilden ist. Eine Einigungsstelle wird im Allgemeinen nur bei Bedarf eingerichtet. Dies hat auch den Vorteil, dass sie mit Fachleuten zu dem jeweilgen Problem besetzt werden kann. Eine dauernd bestehende Einigungsstelle ist möglich, wenn darüber eine Betriebsvereinbarung abgeschlossen wurde (§ 76 Abs. 1 BetrVG). Ein Einigungsstellenverfahren ist nicht zwingend, sondern von der Entscheidung der Parteien abhängig. Wird sie nicht angerufen, so endet des Beteiligungs- oder Initiativverfahren.

Bildung der Einigungsstelle

Die Einigungsstelle wird aus einem oder mehreren Beisitzern, die der Betriebsrat benannt hat, der gleichen Anzahl weiteren Beisitzern, die das Unternehmen benannt hat, und der/dem Vorsitzenden gebildet. Dabei kann es um drei verschiedene Punkte zum Streit kommen:

1. Ist überhaupt eine Einigungsstelle zuständig?
2. Wieviele Beisitzer soll sie haben?
3. Wer wird Vorsitzende/r der Einigungsstelle?

Über alle Streitfragen entscheidet letztlich das Arbeitsgericht.

Praktisches Vorgehen

Wenn eine Seite die Verhandlungen für gescheitert hält, kann sie in den dafür vorgesehenen Fällen die Einigungsstelle »anrufen«. Dies bedeutet praktisch, dass beispielsweise der Betriebsrat erklärt, dass er nun die Einigungsstelle mit dem Thema beauftragt. Er benennt seine Beisitzer und Stellvertreter, evtl. externe Sachverständige und schlägt eine/n Vorsitzende/n vor. Dies wird dem Unternehmen übermittelt, mit der Auflage sich in einer gewissen Frist dazu zu erklären. Dieses benennt dann auch ihre Beisitzer und stimmt der Person der/des Vorsitzenden zu oder verlangt einen anderen, dann muss dies evtl. gerichtlich geklärt werden.

Einigungsstelle

Absender:

Betriebsrat des Unternehmens X

An
die Geschäftsführung (Vorstand)
Unternehmen X

(Betreff)

Bildung einer Einigungsstelle in der Angelegenheit ...

Sehr geehrte Damen und Herren,

in den letzten Wochen ist es trotz intensiver Verhandlungen zwischen Ihnen und dem Betriebsrat zu keiner Einigung gekommen. Nach dem letzten Verhandlungstag am (Datum) sind wir zu dem Schluss gekommen, dass eine Einigung nicht erreichbar erscheint.

Der Betriebsrat hat deshalb in seiner Sitzung am (Datum) beschlossen:

1. Die Verhandlungen zum (Thema) sind gescheitert.
2. Der Betriebsrat ruft die Einigungsstelle an.
3. Als Vorsitzende/n schlagen wir Herrn/Frau ... vor.
4. Für die Zahl der Beisitzer schlagen wir je Partei drei (oder mehr oder weniger) Personen vor.
5. Die/der Betriebsvorsitzende wird bevollmächtigt einen sachverständigen außerbetrieblichen Beisitzer zu verpflichten, dessen Honorar 7/10 des Honorars der/des Einigungsstellenvorsitzenden beträgt.
6. Auf Seiten des Betriebsrats werden Frau ... und Herr ... als Beisitzer benannt und Frau ... und Herr .... als Stellvertreter/innen.

Falls Sie sich nicht bis zum (Datum in einer Woche oder länger) zu unseren Vorschlägen äußern, wird der Betriebsrat beim Arbeitsgericht beantragen, die Einigungsstelle zu errichten.

Wir hoffen, dass Sie unseren Vorschlägen zustimmen und wir in der Einigungsstelle nunmehr recht zügig zu einem für beide Seiten tragbaren Ergebnis kommen werden.

Mit freundlichen Grüßen

(Unterschrift Betriebsratsvorsitzende/r)

Erzwingbar oder freiwillig

Angerufen werden kann die Einigungsstelle von einer Partei, wenn es sich um Angelegenheiten handelt, in der ihre Entscheidung als Letztentscheidung, die beide Parteien bindet, vorgesehen ist. Sie kann auch in anderen Angelegenheiten entscheiden, dann müssen dies aber beide Parteien übereinstimmend beantragen. Oft wird in auch in freiwilligen Betriebsvereinbarungen festgelegt, dass im Streitfall die Einigungsstelle bindend entscheiden soll.

Gestaltungsspielraum

Die Einigungsstelle entscheidet im Rahmen der vollen Mitbestimmung (s. S. 65 ff.) endgültig. Dies durch einen Beschluss, der mit Stimmenmehrheit gefasst wird. Bei der ersten Abstimmung hat sich dabei die/der Vorsitzende der Stimme zu enthalten, um zu sehen, ob die Parteien sich geeinigt haben. Ist dies nicht der Fall, dann entscheidet in einer solchen Pattsituation somit die Stimme der/des Vorsitzenden den Streit. Die Einigungsstelle ist lediglich an die geltenden Rechtsvorschriften gebunden. Es steht also in ihrem freien Ermessen, im Rahmen der geltenden Gesetze zu bestimmen, welche Regelungen z. B. in eine Vereinbarung zur Arbeitszeit aufgenommen werden.

Gerichtliche Anfechtung

Der Beschluss einer Einigungsstelle kann inhaltlich gerichtlich nicht ersetzt werden. Er unterliegt der Überprüfung durch das Arbeitsgerichts nur hinsichtlich

- der rechtsfehlerfreien Einleitung des Mitbestimmungsverfahrens,
- der Rechtmäßigkeitskontrolle der Beschlüsse und
- der Kontrolle von Ermessensentscheidungen auf Einhaltung der Ermessensgrenzen.

Fehler

Wenn also das Zustimmungsverfahren schon am Anfang durch einen Formfehler unwirksam wäre oder ein Betriebsrat beteiligt wurde, der nicht zuständig ist, dann wäre auch der Spruch der Einigungsstelle rechtsunwirksam. Verstöße der Einigungsstelle gegen geltende Rechtsvorschriften, würden ebenfalls zur Unwirksamkeit der Beschlüsse der Einigungsstelle führen.

Das Arbeitsgericht kann angerufen werden und die Feststellung treffen, dass der Spruch der Einigungsstelle rechtsunwirksam sei. Es kann der Einigungsstelle jedoch nicht auferlegen, die fehlende Zustimmung zu einer mitbestimmungspflichtigen Maßnahme zu ersetzen oder die Inhalte einer bestimmten Betriebsvereinbarung bestimmen.

Tipp

Spielraum des Gerichts

Ablauf eines Einigungsstellenverfahrens:

Verfahren

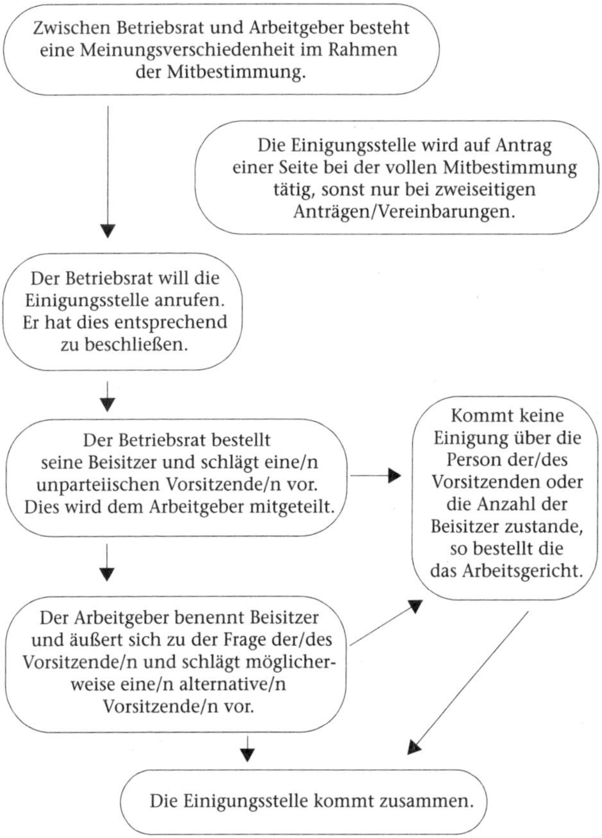

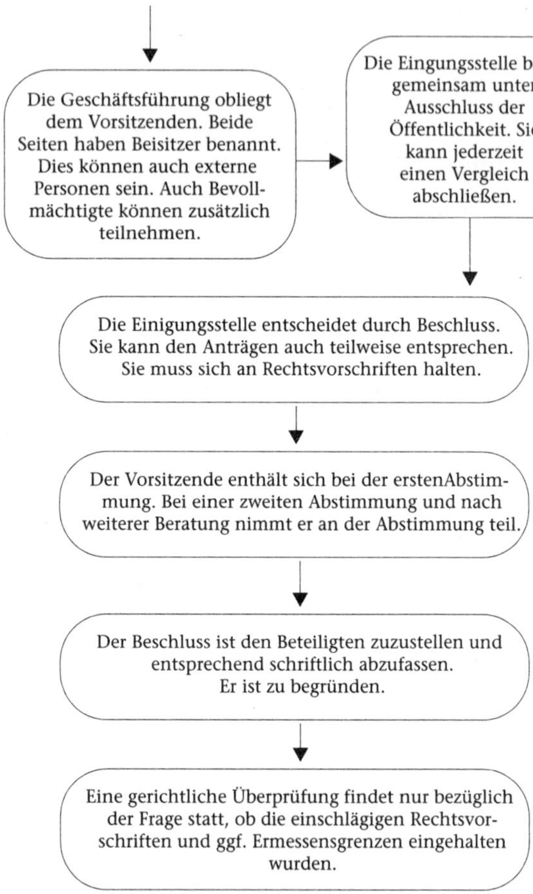

II. Das Gerichtsverfahren

Streitpunkte

Wenn der Betriebsrat und das Unternehmen darüber streiten,

- welche Informationen dem Betriebsrat zustehen,
- ob ein Mitbestimmungsrecht besteht,
- ob ein Widerspruch beachtlich ist,

- ob Fristen abgelaufen sind,
- ob Maßnahmen umgesetzt werden dürfen
- ob Maßnahmen vom Unternehmen zu unterlassen sind und ähnliches,

so können sie das Arbeitsgericht anrufen.

Es wäre jedoch verfehlt, darauf zu hoffen, dass die Gerichte immer und vor allem schnell helfen. Zum einen dauern die Gerichtsverfahren in der Regel sehr lang, zum anderen ist völlig offen, ob dadurch die erwünschten Ergebnisse erzielbar sind. Eine Ausweitung von Mitbestimmungsrechten ist dabei überhaupt nicht zu erwarten.

Ultima ratio

Das Gericht sollte nur als letzte Notmaßnahme in Betracht gezogen werden. Wenn beispielsweise die Verhandlungen völlig verfahren sind oder das Unternehmen sogar bestreitet, dass z. B. Mitbestimmungsrechte zum Abschluss von Betriebsvereinbarungen bestehen, bleibt nichts anderes übrig als Hilfe der Arbeitsgerichte zu suchen.

1. Das Beschlussverfahren

Gerichtsverfahren

Das Verfahren wird durch einen schriftlichen Antrag bei dem zuständigen Arbeitsgericht eingeleitet. In den meisten Fällen werden der Betriebsrat oder das Unternehmen Antragsteller sein. Grundsätzlich können auch einzelne Betriebsratsmitglieder, Gruppen von Beschäftigten und die im Unternehmen vertretenen Gewerkschaften einen Antrag stellen.

Verfahren vor Gericht

Das Arbeitsgericht gibt dem Antragsgegner die Möglichkeit zur Stellungnahme und bestimmt grundsätzlich einen mündlichen Anhörungstermin, wenn eine gütliche Einigung nicht von vornherein ausgeschlossen erscheint. Soweit die Parteien sich nicht im ersten Gerichtstermin vergleichen, den Antrag zurückgenommen haben oder die Sache bereits erledigt ist, entscheidet das Arbeitsgericht durch Beschluss. Dieser wird verkündet und schriftlich abgefasst den Beteiligten zugestellt.

Feststellen

Das gerichtliche Beschlussverfahren kann als Feststellungs-, Verpflichtungs- oder Unterlassungsverfahren geführt werden. So kann festgestellt werden, dass dem Betriebsrat ein bestimmtes Recht zusteht (z.B. »Es wird festgestellt, dass die Maßnahme XY gemäß § 99 BetrVG der Mitbestimmung durch den örtlichen Betriebsrat unterliegt«).

Verpflichten

Als zweite Möglichkeit könnte das Unternehmen zu einem bestimmten Tun verpflichtet werden (z.B. »Das Unternehmen XY wird verpflichtet, die nachstehenden Unterlagen dem Betriebsrat zur Einsicht bereitzustellen.«).

Unterlassen

Schließlich könnte das Unternehmen auch verpflichtet werden etwas zu unterlassen (z.B. »Das Unternehmen wird verpflichtet, eine Versendung des Personalfragebogens an die Beschäftigten zu unterlassen, bis das Mitbestimmungsverfahren mit dem Betriebsrat abgeschlossen ist.«).

Fall

1. Beispiel Unterlassen

In einem Unternehmen sollte eine Tariferhöhung unterschiedlich auf gezahlte übertarifliche Zulagen angerechnet werden. Der Betriebsrat hielt das für mitbestimmungspflichtig, das Unternehmen war anderer Ansicht. Der Betriebstrat hat daraufhin das Arbeitsgericht angerufen. Der Streit ging schließlich bis zum Bundesarbeitsgericht.

BAG 3.5.1994

Das BAG nahm diese Auseinandersetzung zum Anlass um erstmals einen allgemeinen Unterlassungsanspruch des Betriebsrats zu bejahen (BAG vom 3.5.1994 in AP Nr. 23 zu § 23 BetrVG 1972). Es stellte fest, dass der Betriebsrat immer dann die Unterlassung von Maßnahmen erreichen kann, wenn durch die vorzeitige Durchführung seine »volle« Mitbestimmung gefährden würde. Wenn also die Einigungsstelle als Letztentscheidungsinstanz im BetrVG vorgesehen ist, darf das Unternehmen nicht durch Maßnahmen verhindern, dass durch die Einigungsstelle überhaupt noch etwas zu entscheiden ist. Das Unternehmen hat mit seinen Umsetzungsmaßnahmen so lang zu warten, bis das

Mitbestimmungsverfahren durchgeführt wurde und ggf. die Einigungsstelle entschieden hat.

2. Beispiel

Ein Antrag zu einem Beschlussverfahren wegen Einblick in die Bruttolohn-/Gehaltslisten würde wie folgt aussehen:

Antrag beim Arbeitsgericht

1. Der Betriebsrat der Firma (Bezeichnung), vertreten durch die/den Vorsitzenden (Vorname, Name), (Anschrift der Firma)

   – Antragsteller –

   (ggf.) vertreten durch Rechtssekretär oder Rechtsanwalt
2. Der Firma (Name), vertreten durch den (Geschäftsführer oder Vorstand, Vorname, Name), (Anschrift der Firma)

   – Antragsgegner–

wegen Einsicht in die Bruttolohn- und -gehaltslisten

1. Der Antragsgegner wird verpflichtet, den Mitgliedern des (Betriebsausschusses oder einem nach § 28 BetrVG gebildeten Ausschuss) Einsicht in die Bruttolohn- und -gehaltslisten zu gewähren, auch hinsichtlich übertariflicher Zusagen und solcher Zahlungen, die individuell unter Berücksichtigung verschiedener Umstände ausgehandelt und an Beschäftigte im Sinne des Betriebsverfassungsgesetzes gezahlt werden.
2. Für den Fall, dass der Antragsgegner der Verpflichtung aus 1. nicht nachkommt, wird ein Zwangsgeld in Höhe bis zu 250.000,-- Euro ersatzweise Zwangshaft (gegebenenfalls: zu vollziehen an Frau/Herrn ...), angedroht.

Begründung:

Der antragstellende Betriebsrat besteht aus (Anzahl) Mitgliedern. Er hat am (Datum) zur Durchführung seiner Aufgaben Einblick in die Listen über die ausgezahlten Löhne und Gehälter, Sonderleistungen und Prämien begehrt. Dies wurde mit Schreiben vom (Datum) vom Antragsgegner abgelehnt.

Glaubhaftmachung:

Schreiben des Antragsgegners vom (Datum).

Der Antragsteller will feststellen, nach welchen Gesichtspunkten der Antragsgegner die Sonderzahlungen leistet. Er will außerdem prüfen, ob ein Mitbestimmungsrecht hinsichtlich dieser Zahlungen besteht und die Grundsätze von Recht und Billigkeit, insbesondere der Gleichbehandlungsgrundsatz von dem Antragsgegner beachtet wurden. Da das Einsichtsrecht verweigert wurde, hat der Antragsteller beschlossen, gerichtliche Hilfe in Anspruch zu nehmen.

Glaubhaftmachung:

Protokoll der Betriebsratssitzung vom (Datum).

Es wird daher gebeten, möglichst zeitnah einen Termin für die Anhörung anzuberaumen, in dem möglicherweise auch bereits durch Vermittlung des Gerichts eine einvernehmliche Regelung erzielt werden kann.

(Unterschrift)

2. Die einstweilige Verfügung

Vorläufige Regelungen

Ein schnelles aber nur vorläufig wirkendes arbeitsgerichtliches Verfahren ist die einstweilige Verfügung. Damit ist es möglich den drohenden Verlust von Rechten des Betriebsrats zu verhindern und durch eine vorläufige Regelung des Gerichts ersetzen zu lassen. Voraussetzung ist, das der Betriebsrat im Recht (Antragsgrund) und die Anordnung eilbedürftig (Antragsanspruch) ist.

Voraussetzungen

Ein Antrag auf einstweilige Verfügung ist dann zulässig, wenn

- ohne ihren Erlass schwere und unzumutbare Nachteile entstünden, die durch die Entscheidung im Hauptsacheverfahren nicht mehr ausgeglichen werden könnten,
- sich mit hoher Wahrscheinlichkeit im Hauptsacheverfahren erweisen wird, dass der Anspruch, dessen Sicherung sie dienen soll, besteht,
- andererseits die vorläufige Regelung die Hauptsache nicht unwiederbringlich vorwegnimmt.

Fall

1. Beispiel: Hausrecht des Betriebsrats

In einem Fall stürzte der Beauftragte des Unternehmens immer wieder ohne Anklopfen oder Anmeldung in das Betriebsratsbüro und störte die Betriebsratssitzungen. Auch nutzte er einen nur für Notfälle hinterlegten Schlüssel, um in das Büro zu kommen. Der Betriebsrat hat mit einem Antrag zur einstweiligen Verfügung erreicht, dass dem Untenehmer untersagt wurde, den Schlüssel für Notfälle gegen den Willen des Betriebsrats außerhalb von Notfällen zu benutzen (LAG Nürnberg vom 1.4.1999, AiB 2000, 35).

Das Gericht erkannte an, dass dem Betriebsrat ein Raum zur alleinigen Nutzung zusteht. Ist ihm ein solcher Raum überlassen worden, so hat er in diesem Raum auch das Hausrecht. Somit obliegt es ihm, zu bestimmen, wer wann das Büro betreten darf. Der Betriebsrat kann vom Untenehmen verlangen, dass dessen Beauftragte nicht gegen seinen Willen den Raum betreten. Da der Betriebsrat in seiner Arbeit akut eingeschränkt war, wurde der einstweiligen Verfügung stattgegeben.

Einstweilige Verfügung zur Schulungsteilnahme

Antrag auf einstweilige Verfügung

Antrag auf Erlass einer **einstweiligen Vefügung** im **Beschlussverfahren** mit den Beteiligten

1. Der Betriebsrat der Firma (Bezeichnung), vertreten durch die/den Vorsitzenden (Vorname, Name), (Anschrift der Firma)

   – Antragsteller –

(ggf.) vertreten durch Rechtssekretär oder Rechtsanwalt

2. Der Firma (Name), vertreten durch den (Geschäftsführer oder Vorstand, Vorname, Name), (Anschrift der Firma)

   – Antragsgegner –

3. Das Betriebsratsmitglied (Vorname, Name), (Anschrift der Firma)

wegen Teilnahme an Betriebsratsschulung.

Wegen der Dringlichkeit des Falles beantragen wir ohne mündliche Anhörung, hilfsweise unter Verkürzung der Ladungsfrist aufgrund einer unverzüglich anzuberaumenden mündlichen Anhörung, im Wege der einstweiligen Verfügung:

> Dem Antragsgegner wird im Wege der einstweiligen Verfügung aufgegeben, das Betriebsratsmitglied (Herrn/Frau Vorname, Name) für die Teilnahme an der Schulungsveranstaltung (Bezeichnung der Veranstaltung) vom (Datum) bis (Datum) in (Ort) von der Arbeit freizustellen.

Begründung:

Der Antragsteller ist der bei dem Antragsgegner bestehende Betriebsrat mit (Anzahl) Mitglieder. Die Beteiligte zu 3) war zunächst Ersatzmitglied und rückte am (Datum) als Mitglied in den Betriebsrat nach. Der Antragsteller beschloss am (Datum) die Beteiligte zu 3) auf ein Seminar zu entsenden mit dem Thema »Interessenausgleich und Sozialplan«.

Glaubhaftmachung:

Protokoll des Betriebsrats vom (Datum).

Anlass für die Schulung ist, dass der Antragsgegner mit Schreiben vom (Datum) mitteilte, dass eine umfangreiche Organisationsänderung im Betrieb geplant sei. Der Antragsteller wird daher über Interessenausgleich und Sozialplan verhandeln müssen. Für den Antragsteller hat bisher kein Betriebsratsmitglied zu diesem Themenbereich eine Schulung absolviert.

Glaubhaftmachung:

Eidesstattliche Versicherung des Antragstellers.

Der Antragsgegner teilte mit Schreiben vom (Datum) mit, dass er eine Entsendung zu einer Schulung nicht für erforderlich halte. Die Beteiligte zu 3) sei auch betrieblich nicht entbehrlich, da sie allein eine Gruppe leite und keine andere Fachkraft vorhanden sei, die sie vertreten könne.

Der Antragsteller beschloss in seiner Sitzung vom (Datum) ein Beschlussverfahren einzuleiten und den Unterzeichner mit der Durchführung des Verfahrens zu bevollmächtigen.

Glaubhaftmachung:

Protokoll der Sitzung vom (Datum) anbei.

Nach § 2 ArbGG i.V.m. § 85 Abs. 2 ArbGG ist der Antrag auf Erlass einer einstweiligen Verfügung, der eine Angelegenheit aus dem Betriebsverfassungsgesetz als Grundlage hat, unter der entsprechenden Anwendung der ZPO grundsätzlich möglich und zulässig.

Ein Verfügungsanspruch im Sinne von § 935 ZPO und § 85 ArbGG ist gegeben. Der Betriebsrat hat nach § 37 Abs. 6 BetrVG einen Anspruch darauf, dass die Beteiligte zu 3) als Betriebsratsmitglied für die Teilnahme an einer Schulungsveranstaltung in der Zeit vom (Datum) bis (Datum) in (Ort) zu dem Thema »Interessenausgleich und Sozialplan« von der Arbeit frei gestellt wird. Da eine Organisationsänderung nach Bekunden der Antragsgegnerin bevorsteht, für die der Antragsgegner Interessenausgleich und Sozialplan verlangen kann, hat er Anspruch, dass Betriebsratsmitglieder auf Schulungsveranstaltungen die erforderlichen Kenntnisse für diesen Teil der Betriebsratsarbeit vermittelt bekommen. Das Seminar erfüllt diesen Anspruch, wie sich aus der Seminarbeschreibung ergibt.

Glaubhaftmachung: Seminarbeschreibung.

Weder die Beteiligte zu 3) noch der Betriebsrat hat an einer Schulung zu diesem Thema teilgenommen. Eine Teilnahme an der Veranstaltung ist deshalb erforderlich.

Die betrieblichen Gründe, die der Antragsgegner geltend macht, sind nicht durchgreifend, da der Betriebsrat für seine Tätigkeit freizustellen ist. Es bedeutet nur einen geringen Organisationsaufwand, eine/einen anderen Gruppenleiter/in mit der Vertretung in der Gruppe der Beteiligten zu 3) zu beauftragen.

Ein Verfügungsgrund nach § 85 Abs. 2 ArbGG i.V.m. § 935 ZPO ist ebenfalls gegeben, da die Besorgnis besteht, dass die Verwirklichung des Anspruchs ansonsten wesentlich erschwert wird. Die Durchführung eines Hauptsacheverfahrens ist dem Antragsteller unzumutbar. Die Organisationsänderung steht nach Angaben des Antragsgegners unmittelbar bevor. Das einzige, in einem zeitnahen Zeitraum, stattfindende Seminar ist das vom Antragsteller ausgewählte Seminar. Es bewegt sich von den Kosten im Bereich des Normalen, wie ein Vergleich mit anderen Seminaranbietern zeigt.

Glaubhaftmachung:

Angebot weitere Seminaranbieter.

Das Abwarten einer Entscheidung im Hauptsacheverfahren würde bedeuten, dass der Betriebsrat Verhandlungen zum Interessenausgleich und Sozialplan aufnehmen müsste, ohne sich vorher in diesem Bereich sachkundig machen zu können.

Ort, Datum

Unterschrift

3. Rechtsmittelinstanzen

Die Arbeitsgerichtsbarkeit ist dreizügig aufgebaut.

Instanzen	*Zuständiges Gericht*	*Verfahrensarten*
1. Instanz	Arbeitsgericht (ArbG)	Antrag im a) Beschlussverfahren b) Einstw. Verfügung
2. Instanz	Landesarbeitsgericht (LAG)	Beschwerde a) Beschlussverfahren b) Einstw. Verfügung
3. Instanz	Bundesarbeitsgericht (BAG)	Rechtsbeschwerde a) Beschlussverfahren

Die Entscheidung des Arbeitsgerichts im »normalen« Beschlussverfahren kann mittels der Beschwerde zur Überprüfung bei dem LAG eingereicht werden (§ 87 Abs. 1 ArbGG). Dieses Rechtsmittel ist immer gegeben. Einer besonderen Zulassung bedarf es nicht.

§§ ArbGG

Gegen die Entscheidung des LAG im Beschlussverfahren kann Rechtsbeschwerde beim BAG eingelegt werden, wenn diese zugelassen wurde (§ 92 Abs. 1 ArbGG). Die Rechtsbeschwerde ist dann zuzulassen, wenn die Angelegenheit grundsätzliche Bedeutung hat oder aber das Gericht in seinem Beschluss von einer Entscheidung der gemeinsamen Senate und der obersten Gerichtshöfe des Bundes oder des

BAG abweichen will. Auch bei Sachverhalten, die bisher vom BAG noch nicht entschieden sind, die jedoch von den LAG unterschiedlich beurteilt wurden, ist die Rechtsbeschwerde zuzulassen. Sollte die Rechtsbeschwerde nicht zugelassen worden sein, kann dagegen Nichtzulassungsbeschwerde eingelegt werden (§ 92 a Satz 1, § 72 Abs. 2 Nr. 1 ArbGG). Das BAG entscheidet in diesem Fall selbst, ob die Beschwerde zuzulassen gewesen wäre oder nicht.

Vorläufiges Verfahren

Bei einstweiligen Verfügungen kann gegen die Entscheidung des Arbeitsgerichts Beschwerde eingelegt werden. Das LAG entscheidet dann in letzter Instanz (§ 90 Abs. 3 ArbGG und § 85 Abs. 2 ArbGG). Einer besonderen Zulassung dieses Rechtsmittels bedarf es nicht.

Formalien

Das jeweilige Rechtsmittel ist mit einer Frist von einem Monat und der Formvorschrift, dass Antrag und Begründung schriftlich erfolgen müssen, beim zuständigen Gericht einzureichen. Die Parteien müssen sich beim LAG durch einen bei den deutschen Gerichten zugelassenen Rechtsanwalt oder von Vertretern der Gewerkschaften bzw. der Arbeitgebervereinigungen vertreten lassen. Die Rechtsbeschwerde und die Rechtsbeschwerdebegründung beim BAG müssen ebenfalls von einem Rechtsanwalt oder einer zur Vertretung befugten Person unterzeichnet sein. Gegen die Entscheidung des BAG gibt es kein Rechtsmittel.

BVerfG
EuGH

Bei der Verletzung grundgesetzlich geschützter Rechte bleiben die allgemeinen Möglichkeiten, nämlich Entscheidungen des Bundesverfassungsgerichts oder des Europäischen Gerichtshofes herbeizuführen, offen. Diese sind jedoch nicht als Beschwerdeinstanzen zu verstehen, sondern als Gerichtszweige mit eigenem Zuständigkeitsbereich.

4. Kosten des Betriebsrats in den Verfahren

§§

§ 40 BetrVG

Die Kosten für die gerichtlichen Verfahren einschließlich einer anwaltlichen Vertretung im arbeitsgerichtlichen Beschlussverfahren oder im einstweiligen Verfügungsverfahren hat das Unternehmen zu tragen. Das gilt auch für die Kosten eines Einigungsstellenverfahrens inklusive anwaltlicher Vertretung, andere Sachverständige und den Kosten für die oder den Vorsitzenden. Dies folgt aus § 40 (für Sachverständige aus § 80 Abs. 3) BetrVG. Jedoch sind dabei einige Formalitäten zu beachten.

Auftrag durch das Gremium

- So hat das BAG entschieden, dass das Unternehmen die Kosten des Rechtsanwalts des Betriebsrats nur dann zu tragen hat, wenn dieser durch den gesamten Betriebsrat vor Durchführung der jeweiligen Instanz durch einen ausdrücklichen Beschluss beauftragt wurde (BAG vom 20.10.1999 in AP Nr. 67 zu § 40 BetrVG 1972).

Erforderlich

- Die Kostenerstattung setzt ferner voraus, dass dieses Verfahren nicht offensichtlich aussichtslos oder nur mutwillig, ohne dass es einen sachlichen Grund gibt, eingeleitet wurde (BAG vom 3.4.1979 in AP Nr. 1 zu § 13 BetrVG 1972). Der Betriebsrat musste also zum Zeitpunkt seines Beschlusses das gerichtliche Verfahren für erforderlich halten dürfen (BAG vom 19.04.1989, NZA 1990, S. 233).

Wahlfreiheit

- Der Betriebsrat hat grundsätzlich die freie Wahl, ob er einen Gewerkschaftssekretär oder einen Rechtsanwalt mit seiner Vertretung beauftragt (BAG vom 3.10.1978 in AP Nr. 14 zu § 40 BetrVG 1972). Er hat dabei seine Interessen und die Belange des Unternehmens (Kosten) zu berücksichtigen. Es hat die kostengünstigere Möglichkeit zu wählen, wenn diese gleichwertig ist. Bei schwierigen Rechtsfragen besteht somit der Anspruch auf Vertretung durch den fachlich versierten Rechtsanwalt.

Zustimmung nicht erforderlich

Auf das Ergebnis des Rechtsstreits kommt es für die Kostenerstattung nicht an. Auch muss das Unternehmen in einem solchen Fall der Kostenübernahme nicht im Vorhinein zustimmen, wie bei der Beauftragung eines Sachverständigen nach § 80 Abs. 3 BetrVG. In den arbeitsgerichtlichen Streitigkeiten wird oftmals entschieden werden, ob ein bestimmtes Mitbestimmungsrecht besteht oder nicht. Da das Unternehmen das Mitbestimmungsrecht nicht bejaht, würde es im Vorfeld auch nicht bereit sein, Anwaltskosten für ein seiner Meinung nach sinnloses Verfahren zu tragen.

Beratung vor Gerichtsverfahren

Nach der zurzeit noch herrschenden Rechtsprechung sind Beratungskosten eines Rechtsanwalts im Vorfeld eines Beschlussverfahren von dem Unternehmen nur ganz ausnahmsweise zu übernehmen. Diese Auffassung ist jedoch zu kritisieren, da sie dazu führen muss, dass in Zweifelsfällen ein Beschlussverfahren eingeleitet wird, um eine Kostenübernahme zu sichern. Dabei wäre vielleicht eine anwaltliche Beratung viel billiger gewesen, da sie zu einer Streitschlichtung hätte führen können. Die führende Literatur ist daher der Ansicht, dass auch Kosten im Vorfeld eines Beschlussverfahrens von dem Unternehmen zu tragen sind, damit dadurch die Möglichkeit eröffnet wird, Beschlussverfahren und damit höhere Kosten zu vermeiden (Däubler, Kittner, Klebe, Betriebsverfassungsgesetz – Kommentar für die Praxis § 40 Rz. 34, Bund-Verlag 9. Aufl.).

5. Gerichtsverfahren nur als letztes Mittel

Funktion der Gerichte

Schon wegen der langen Verfahrensdauer von mehreren Jahren, wenn es durch die Instanzen geht, verbietet es sich, die Gerichte als Allheilmittel zu betrachten. Letztlich sind die Entscheidungen nicht vorhersehbar und oft eher die Bestätigung konservativer Ansichten als progressiv rechtsbildend. Die Durchsetzung eigener Positionen sollte vorrangig außergerichtlich betrieben werden.

Funktion der Belegschaft

Um seine außergerichtlichen Möglichkeiten zu entfalten, wird der Betriebsrat in einem Konfliktfall daher beispielsweise die Belegschaft offen und schnell informieren. Er wird das rechtswidrige Verhalten des Unternehmens deutlich machen, seine Forderungen darlegen und versuchen, die Beschäftigten in Betriebsversammlungen zur Unterstützung seiner Arbeit zu bewegen. Der Betriebsrat wird aufzeigen, dass zeitliche Verzögerungen und damit einhergehende Nachteile für die Beschäftigten durch das Unternehmen verursacht werden, da dieses es versäumt hat, den Betriebsrat zu informieren.

z.B.

Personalabbau

Der Betriebsrat wird zu bedenken haben, dass erhebliche Ängste bei den Beschäftigten um ihre Arbeitsplätze vorhanden sind. Er muss dafür Sorge tragen, dass diese Unsicherheit nicht zu vorschnellen Reaktionen führt. Der Betriebsrat wird den Beschäftigten mitteilen, dass er bei Personalabbaumaßnahmen über andere Beschäftigungsmöglichkeiten, Qualifizierungsprogramme sowie über Sozialpläne verhandeln wird und diese auch Abfindungen vorsehen werden. Er wird ferner aufzeigen, dass er Kündigungen verhindern will und die dafür vorgesehenen Maßnahmen beschreiben (vgl. Thannheiser, Arbeitsplatzsicherung, Bund Verlag u. Beschäftigungssicherung Bund Verlag 2005). Letztlich wird er die Beschäftigten darauf hinweisen, welche Nachteile sie im Falle der Arbeitslosigkeit durch Aufhebungsverträge haben und welches Verhalten der Beschäftigten die Verhandlungsposition des Betriebsrats stärkt und welches die Verhandlungsposition schwächt.

Damit wird erreicht, dass das Unternehmen erkennt, dass es nicht ohne den Betriebsrat und nicht gegen ihn seine Planungen umsetzen kann. Sollte dennoch die Beteiligung des Betriebsrats verweigert werden, wäre die letzte Maßnahme, dass er das Arbeitsgericht um Hilfe bemüht.

F. Wie ist der Betriebsrat intern organisiert?

§§

Geschäftsführung des Betriebsrats

Sie wissen sicher, dass der Betriebsrat als Gremium aus Betriebsratsmitgliedern und dem Vorstand besteht. Wer Vorstand sein darf, wie dieser zustande kommt und welche Aufgaben er hat, wird im BetrVG bestimmt. Das BetrVG benutzt die Überschrift »Geschäftsführung des Betriebsrats« vor den §§ 26 – 41 und meint damit die Bildung und Aufgaben der/s Vorsitzenden, die Sitzungen des Betriebsrats, die Beschlussfassung, die Protokollpflicht, die Mitarbeit der JAV und letztlich die Kosten für die Tätigkeit des Betriebsrats. Es regelt somit die formalen und materiellen Aspekte der inneren Organisation des Betriebsrats.

I. Vorsitzender und Betriebsausschuss des Betriebsrats

Vorsitzende und Stellvertreter

Der Betriebsrat wählt aus seiner Mitte die/den Vorsitzende/n. Ferner werden dessen Stellvertreter gewählt (§ 26 BetrVG). Die Anzahl der Stellvertreter ist nicht vorgegeben. Die Abstimmung erfolgt in einer internen einfachen Mehrheitswahl (keine Verhältniswahl). Auch die Reihenfolge der Stellvertretung wird von dem Betriebsrat selbst bestimmt.

Betriebsausschuss

Bei Betriebsräten mit 9 und mehr Mitgliedern ist neben dem Vorsitzenden und Stellvertreter ein Betriebsausschuss zu wählen. Dieser besteht aus dem Betriebsratsvorsitzenden und dessen (1.) Stellvertreter sowie bei 9-15 Betriebsräten aus weiteren drei Mitgliedern, bei 17-23 aus fünf, bei 25-35 aus sieben und bei 37 oder mehr Mitgliedern aus neun weiteren Ausschussmitgliedern. Die Wahl erfolgt nach den Grundsätzen der Verhältniswahl (s. S. 167), es sei denn, es gibt nur einen Wahlvorschlag, dann erfolgt eine Mehrheitswahl (s. S. 167). Der Betriebsausschuss führt die laufenden Geschäfte des Betriebsrats und kann weitere Befugnisse übertragen erhalten (§ 27 BetrVG).

Der Vorsitzende und der Betriebsausschuss werden grundsätzlich für die gesamte Wahlperiode des Betriebsrats gewählt. Es steht jedoch dem Betriebsrat frei, den Vorsitzende (mit einfacher Mehrheit) oder den Betriebsausschuss (mit dreiviertel Mehrheit) abzuberufen und jederzeit neu zu bestimmen.

1. Befugnisse der Vorsitzenden

Vertretung des Betriebsrats

Es gibt zwar keine Hierarchie im Betriebsrat, aber nur die/der Vorsitzende vertritt den Betriebsrat nach außen. Alle Entscheidungen des Betriebsrats teilt allein sie/er dem Unternehmen mit. Nur diese/r hat Erklärungen oder Entscheidungen des Unternehmens entgegenzunehmen und Betriebsvereinbarungen zu unterzeichnen. Sie/er allein vertritt den Betriebsrat in Beschlussverfahren vor Gericht. Gegebenenfalls wird sie/er im Verhinderungsfall durch seine Stellvertreter vertreten.

Im Rahmen der Beschlüsse

Die/der Vorsitzende kann jedoch nur insoweit Erklärungen abgeben, als es zuvor Beschlüsse des Betriebsrats gibt. In Beteiligungsangelegenheiten kann sie/er also erst dann gegenüber dem Unternehmen eine Stellungnahme abgeben, wenn ein entsprechender Beschluss im Betriebsrat gefasst wurde.

Laufende Geschäfte

Der/die Vorsizende führt die laufenden Geschäfte, wenn der Betriebsrat weniger als neun Mitglieder hat, sonst der Betriebsausschuss, wenn ihm das übertragen wurde (§ 27 Abs. 2 BetrVG). Das bedeutet, dass im Wesentlichen die Betriebsratssitzungen vorzubereiten und durchzuführen sind. Sie/er hat die erforderlichen Unterlagen zusammenzustellen, die notwendigen Informationen einzuholen, um eine ordnungsgemäße Beschlussfassung im Betriebsrat zu ermöglichen. Es wäre auch denkbar, dass diese Aufgabe auf andere Betriebsratsmitglieder übertragen wird.

Unbenommen ist dem Betriebsrat die Möglichkeit, Ausschüsse zu bilden (§ 28 BetrVG), Aufgaben auf Arbeitsgruppen zu übertragen (§ 28a BetrVG) oder bestimmte Aufgaben einzelnen Betriebsratsmitglieder zuzuordnen (§ 28 Abs. 2 BetrVG).

2. Befugnisse des Betriebsausschusses

Laufende Geschäfte

Der Betriebsausschuss führt die laufenden Geschäfte. Damit wird in größeren Betriebsräten eine kleinere Einheit gebildet, die den »täglichen Kleinkram« erledigt und die Sitzungen des Betriebsrats vorbereitet. Der Betriebsausschuss hat somit eine Hilfsfunktion für den Betriebsrat. Zu seinen Sitzungen können Gewerkschaftsbeauftragte, JAV-Mitglieder, die Schwerbehindertenvertretung oder andere hinzugezogen werden (aber die Sitzungen sind nicht öffentlich s. S. 132).

Befugnisse

Der Betriebsrat kann dem Betriebsausschuss auch weitere Aufgaben übertragen (§ 27 Abs. 2 BetrVG). Dies geschieht durch Beschluss oder wird in der Geschäftsordnung (s. S. 117) des Betriebsrats festgeschrieben. Oft wird der Betriebsausschuss ermächtigt in personellen Fragen (Einstellung, Eingruppierung, Versetzung) selbstständig zu entscheiden. Ausgeschlossen ist nur, dass er Betriebsvereinbarungen allein abschließt.

3. Was macht die/der Vorsitzende ?

Aufgaben der Vorsitzenden

Im BetrVG sind die Aufgaben der Vorsitzenden größtenteils fest umrissen. Dies sind:

- Einberufung von Sitzungen (§ 29 Abs. 2 BetrVG),
- Festsetzung der Sitzungstermine des Betriebsrats und des Betriebsausschusses (§ 29 Abs. 2, § 27 BetrVG),
- Aufstellung der Tagesordnung der Sitzungen,
- Einladung der Mitglieder des Betriebsrats, der Vertreter der JAV, Schwerbehindertenvertretung und Gewerkschaftsbeauftragten (wenn dies beantragt wurde § 31 BetrVG) zu den Sitzungen,
- die Leitung der Sitzung,

- Unterzeichnung mit einem weiteren Betriebsrat des Protokolls (§ 34 BetrVG),
- Die Leitung der Betriebsversammlungen (§ 42 BetrVG),
- Unterzeichnung von Dienstvereinbarungen (§ 77 Abs. 2 BetrVG),
- Ausführung solcher Aufgaben, die ihr/ihm die Geschäftsordnung zuweist (§ 36 BetrVG).

Dieser Katalog ist nicht abschließend und kann auch durch eine Geschäftsordnung erweitert werden. So könnte beispielsweise die Führung der laufenden Geschäfte der/dem Vorsitzenden übertragen werden (§ 27 Abs. 3 BetrVG).

4. Was macht der Betriebsausschuss?

Aufgaben des Betriebsausschusses

Neben der Geschäftsführung kann der Betriebsrat mit der Mehrheit seiner Stimmen dem Betriebsausschuss weitere Aufgaben übertragen. Diese Übertragung muss schriftlich festgehalten werden (§ 27 Abs. 2 BetrVG). Dabei reicht das Protokoll mit dem Übertragungsbeschluss aus. Für diese Aufgaben tritt der Betriebsausschuss an die Stelle des Betriebsrats. Er kann also selbstständig einer Einstellung oder Versetzung zustimmen oder widersprechen, wenn ihm vom Betriebsrat diese Aufgabe übertragen wurde.

Alle Aufgaben außer Betriebsvereinbarung

Nicht übertragen werden darf die Befugnis zum Abschluss von Betriebsvereinbarungen. Dieses uneingeschränkte Verbot wirkt allerdings etwas fremd in dem neuen Betriebsverfassungsgesetz (2001), da dort auch Arbeitsgruppen Aufgaben übertragen werden dürfen und diese die Befugnis erhalten können, im Rahmen dieser Übertragung selbstständig Vereinbarungen mit dem Unternehmen abzuschließen (§ 28a Abs. 2 BetrVG). Außer dieser Einschränkung kann aber alles übertragen werden.

II. Wer ist Mitglied im Betriebsrat?

Ihre Vertreter und Vertreterinnen im Betriebsrat sind die gewählten Beschäftigten. Die Geschlechter sind entsprechend zu berücksichtigen, die Minderheit ist dabei besonders geschützt (§ 15 Abs. 2 BetrVG). Auch sollen die Mitglieder möglichst aus den verschiedenen Organisationsbereichen stammen und die verschiedenen Beschäftigungsarten widerspiegeln. Das ehemalige Gruppenprinzip (Angestellte und Arbeiter) existiert nicht mehr.

Frauen und Männer

Verbindliche Regelungen zur Berücksichtigung der Geschlechter wurden in das neue Betriebsverfassungsgesetz (2001) mit dem § 15 Ab. 2 BetrVG aufgenommen. Da heißt es, dass das in der Minderheit befindliche Geschlecht mindestens im zahlenmäßigen Verhältnis vertreten sein muss, wenn der Betriebsrat aus mindestens drei Mitgliedern besteht.

Wählbarkeit

Gewählt werden kann, wer mindestens sechs Monate Beschäftigte/r im Unternehmen ist und dem Betrieb in dem gewählt wird angehört. Beschäftigte sind alle Angestellten, Arbeiter und Auszubildenden unabhängig davon, ob sie im Betrieb, im Außendienst oder mit Telearbeit beschäftigt wurden § 5 Abs. 1 BetrVG). Auch die dem Betrieb zugeordneten Heimarbeiter/innen gehören dazu. Nicht eingeschlossen sind die so genannten »Leitenden Angestellten«, wie sie in § 5 Abs. 2-4 BetrVG aufgeführt sind.

Wahlrecht

Wählen darf, wer dem Betrieb angehört und älter als 18 Jahre ist. Jüngere wählen nur die Jugend- und Auszubildendenvertretung (JAV). Ältere Auszubildende wählen somit die JAV und den Betriebsrat. Auch Leiharbeitskräfte von anderen Unternehmen, die im Betrieb länger als drei Monate eingesetzt werden, dürfen mitwählen (§ 7 BetrVG)

1. Anzahl der Betriebsräte

Je größer (Anzahl der Beschäftigten) das Unternehmen ist, desto mehr Betriebsräte sind mit der Vertretung beauftragt. So bleibt die Belastung für das einzelne Mitglied überschaubar.

Größe der Unternehmen	*Anzahl der Betriebsräte*
5 – 20	1
21 – 50	3
51 – 100	5
101 – 200	7
201 – 400	9
401 – 700	11
701 – 1000	13
1001 – 1500	15
1501 – 2000	17
2001 – 2500	19
2501 – 3000	21
3001 – 3500	23
3501 – 4000	25
4001 – 4500	27
4501 – 5000	29
5001 – 6000	31
6001 – 7000	33
7001 – 9000	35
Über 9000	je angefangene weitere 3000 + 2

2. Freistellung von der sonstigen Arbeit

§§

Ehrenamt

Wie Sie wissen, ist die Betriebsratstätigkeit eine ehrenamtliche Tätigkeit und die Personen sind für diese Tätigkeit von ihren laufenden Aufgaben freizustellen (§ 37 BetrVG). Sie üben das Amt während der Arbeitszeit aus. Sie dürfen dadurch keine Nachteile erleiden (§ 78 BetrVG) und die notwendige Arbeitsbefreiung ist in entsprechendem Umfang zu gewähren (§ 37 Abs. 2 BetrVG).

Eine Arbeitsbefreiung bedeutet auch, dass die zu erledigenden Aufgaben um einen entsprechenden Teil vermindert werden, da sonst die Betriebsratstätigkeit doch nur in Form von Mehrarbeit zu leisten wäre. Dies hat der Gesetzgeber auch unterstellt und bei der grundsätzlichen Freistellung keine genauen Zahlen vorgegeben, sondern festgelegt, dass im erforderlichen Umfang die Freistellung zu erfolgen hat.

Ab der Betriebsgröße von mindestens 200 Beschäftigten wurde jedoch eine Mindestfreistellungsgröße für die vollständige Arbeitsbefreiung vorgegeben (§ 38 BetrVG).

Staffel

Größe dem Unternehmen	*Freistellungen*
200 – 500	1
501 – 900	2
901 – 1500	3
1501 – 2000	4
2001 – 3000	5
3001 – 4000	6
4001 – 5000	7
5001 – 6000	8
6001 – 7000	9
7001 – 8000	10
8001 – 9000	11
9001 – 10000	12
über 10000	Je angefangene weitere 2000 ein weiteres Betriebsratsmitglied

Teilfreistellungen

Die »vollen« Freistellungen können auch als Teilfreistellungen erfolgen. Somit können auch Beschäftigte, die nur Teilzeit arbeiten, freigestellt werden. Denkbar ist auch die Aufteilung auf verschiedene Betriebsräte, von denen dann keiner völlig freigestellt ist, sondern immer ein Teil der Zeit für die bisherige Tätigkeit nutzt.

3. Amtszeit

Regel

Der Betriebsrat wird für vier Jahre gewählt (§ 21 BetrVG). Die regelmäßigen Wahlen finden dementsprechend alle vier Jahre in der Zeit vom 1. März bis zum 31. Mai statt (2006, 2010 etc.). Mit der Bekanntgabe der Wahlergebnisse des neu gewählten Betriebsrats und Ablauf der Amtszeit des alten Betriebsrats endet dessen Wahlperiode.

Ausnahme

Während der Amtszeit wird ausnahmsweise gewählt, wenn die Beschäftigtenzahl erheblich gestiegen oder gesunken ist (mehr als die Hälfte und mindestens 50 Beschäftigte zum Stichtag zwei Jahre nach der Wahl). Zu einer außerordentlichen Wahl käme es auch nach einem Rücktritt des Betriebsrats insgesamt, seiner gerichtlichen Auflösung oder wenn nach Eintritt aller Ersatzmitglieder die vorgeschriebene Betriebsrätezahl unterschritten wird (§ 13 Abs. 2 BetrVG). Wenn bei einer solchen vorgezogenen Wahl die Amtszeit zu Beginn der regelmäßigen Wahlen noch kein Jahr dauerte, findet keine erneute Wahl statt, die Amtszeit kann dann fast fünf Jahre betragen.

Betriebsspaltung

Einfluss auf die Amtszeit haben auch Veränderungen des Betriebes. Wird diese in mehrere aufgeteilt (gespalten), stellt sich die Frage, was mit dem Betriebsrat geschieht und wo neu zu wählen ist. Dafür sieht das BetrVG ein sogenanntes Übergangsmandat für sechs Monate in § 21a BetrVG vor. Das sorgt dafür, dass der bestehende Betriebsrat Neuwahlen einleiten kann und keine betriebsratslose Zeit entsteht.

Fusion

Auch wenn Betriebe zusammengeschlossen (fusioniert) werden, stellt sich die Frage, welcher von mehreren Betriebsräten künftig im Amt ist. Der § 21a Abs. 2 BetrVG macht dies von der Zahl der vertretenen Beschäftigten abhängig. Der Betriebsrat, der vor der Fusion die meisten wahlberechtigten Beschäftigten vertreten hat, nimmt das Übergangsmandat war.

Die Amtszeit der einzelnen Mitglieder kann vor der Amtszeit des Gremiums erlöschen, wenn sie beispielsweise aus dem Betrieb ausscheiden. In diesen Fällen wird nicht neu gewählt, sondern ein Ersatzmitglied rückt nach.

III. Ersatzmitglieder

Ersatzbank

Sie kennen es vom Fußball, wenn einer der Stammspieler verletzt ist, rückt ein anderer von der Ersatzbank nach. So ist es im Prinzip bei Betriebsräten auch. Sie haben über die Listen oder als Personen in der Regel mehr Personen gewählt als es Betriebsräte gibt. Die überzähligen Wahlbewerber werden Ersatzmitglieder genannt. Wie die Ersatzspieler beim Fußball stehen sie bereit einzuspringen, wenn ein »Spieler« zeitweise oder dauerhaft ausfällt. Ein beliebiges Auswechseln ist jedoch nicht möglich. Auch die Frage, wer nun auf das »Spielfeld« darf, ist im Gesetz bereits vorgegeben.

1. Voraussetzung zum Nachrücken

Einladung

Der Vorsitzende hat für verhinderte Betriebsratsmitglieder die jeweiligen Ersatzmitglieder (§ 29 Abs. 2 BetrVG) zu der Sitzung des Betriebsrats einzuladen. Diese sind dann vollwertige Betriebsräte und haben alle Rechte und Pflichten für die Zeit ihrer Berufung und die Vertretung des verhinderten Betriebsratsmitglieds.

Dauerhaft

Ersatzmitglieder werden dauerhaft zu Betriebsräten, wenn sie für gänzlich ausscheidende Betriebsratsmitglieder nachrücken. Wenn also ein Mitglied

- sein Amt niederlegt,
- aus dem Betrieb ausscheidet,
- das Unternehmen wechselt oder
- seine Wählbarkeit verliert (Ausscheiden aus der Belegschaft des Betriebes; Verlust der Arbeitnehmereigenschaft i.S.d. § 5 Abs. 1, § 6 BetrVG; Entmündigung; Anordnung einer vorläufigen Vormundschaft; Anordnung

der Pflegschaft wg. geistiger Gebrechen; Aberkennung der Wählbarkeit oder der Fähigkeit Rechte aus öffentlichen Wahlen zu erlangen durch Richterspruch).

Zeitweilig

Wenn Betriebsratsmitglieder zeitweilig verhindert sind, rückt das entsprechende Ersatzmitglied für diesen Zeitraum nach. Dies kann auch über den Zeitraum einer Sitzung hinausgehen. Das Ersatzmitglied wird für den gesamten Zeitraum der Vertretung und somit auch außerhalb der Sitzungen vollwertiges Betriebsratsmitglied (BAG vom 5.9.1986 in AP Nr. 26 zu § 15 KschG 1969). Jedoch kann das vertretende Mitglied entscheiden, dass es an der Sitzung teilnehmen will, wenn es nicht amtsunfähig ist. So könnte es beispielsweise seine Elternzeit unterbrechen (BAG vom 25.5.2005 – 7 ABR 45/04) oder auch bei Krankheit erscheinen (LAG Schl.-Holstein vom 26.05.2005 – 4 TaBV 27/04).

Vertretungsgründe

Es ist nicht in das Belieben der Betriebsräte gestellt, ob sie an Sitzungen teilnehmen oder nicht. Die Teilnahme ist Pflicht und nur wenige Verhinderungsgründe sind gesetzlich anerkannt:

- Ruhen der Mitgliedschaft,
- z.B. Ersatzdienst, Wehrdienst, Erziehungsurlaub,
- rechtliche Verhinderung wegen persönlicher Betroffenheit in der Sache eines Betriebsratsmitglieds,
- Krankheit, Kuraufenthalt
- Urlaub, Sonderurlaub
- gleichzeitige Sitzung des GBR/KBR, in dem sie/er auch Mitglied ist,
- Beschäftigungsverbote nach MuSchG, Elternzeit nach BErzGG
- Montage, Dienstreise, Teilnahme an Schulungsmaßnahmen

Arbeit kein Verhinderungsgrund

Die Verhinderung wegen persönlicher Unlust oder wegen Arbeitsüberlastung oder unaufschiebbarer Aufgaben gibt es grundsätzlich nicht! Es müsste sich schon um eine besondere Situation, wie beispielsweise einen Notfall handeln. Das Betriebsratsmitglied verletzt seine Pflichten, weil es die Funktionsfähigkeit des Gremiums gefährdet und könnte letztlich sogar aus dem Betriebsrat ausgeschlossen (§ 23 BetrVG) werden.

2. Reihenfolge des Nachrückens

Wer rückt nach?

Zu der Ersatzbank gehört, wer als Kandidat bei einer »Personenwahl« (s. S. 167), mindestens eine Stimme erhalten hat. Bei einer »Listenwahl« (s. S. 167) sind es die nicht in den Betriebsrat eingerückten anderen Mitglieder der gewählten Listen.

Stimmen zählen

Es steht dem Betriebsratsvorsitzenden nicht frei, die nachrückenden Ersatzmitglieder beliebig zu benennen (§ 25 Abs. 2 BetrVG). Fand eine Personenwahl statt, so rückt immer das Ersatzmitglied nach, dass die nächsthöhere Stimmenzahl auf sich vereinigt hat und dem Geschlecht angehört, das das fehlende Betriebsratsmitglied hat.

Ein Wahlergebnis:

z.B.

Personenwahl

Name	*Stimmen*	*Gewählt*
M. Abendhausen	3	
L. Bänder	12	2
S. Christoph	6	
K. Dräger	1	
A. Engel	9	3
B. Franzen	18	1
D. Gringelt	2	

Beispielsweise verlässt das Mitglied A. Engel das Unternehmen. Es rückt das Mitglied mit der nächsthöchsten Stimmenzahl nach. Das ist S. Christoph. Dies ist zur Vereinfachung geschlechtsneutral dargestellt. Ist ein Geschlecht in der Minderheit, muss dies beim Nachrücken berücksichtigt werden (§ 25 i.V.m. § 15 Abs. 2 BetrVG).

Liste zählt

Für den Fall der Listenwahl rückt der auf der Liste des verhinderten oder ausscheidenden Betriebsrats als nächster aufgestellte Wahlbewerber nach, unter Berücksichtigung des Geschlechterproporz (§ 25 Abs. 2 i.V.m. § 15 Abs. 2 BetrVG). Ist die Liste erschöpft, so rückt das nächste Ersatzmitglied der Liste nach, auf die der nächste Sitz bei der Wahl fallen würde (§ 25 Abs. 2 BetrVG).

In dem Unternehmen wählten die 49 Beschäftigten drei Betriebsräte aus zwei Listen wie folgt:

z.B.

Liste A	*BR*
D. Mahlke	1
M. Siems	
S. Jörgens	

Liste B	*BR*
A. Kühl	2
F. Gruber	3
W. Dahms	

Wenn beispielsweise F. Gruber verhindert ist, so wäre W. Dahms einzuladen (auch hier geschlechtsneutral betrachtet, tatsächlich ist weitere Voraussetzung das gleiche Geschlecht).

Grundsätzlich gilt, dass für den Fall der Verhinderung des Ersatzmitglieds, die nächste Person auf der Liste nachrückt. Auf der Liste B gibt es aber keine weiteren Wahlbewerber. Daher rückt M. Siems von der Liste A nach (§ 25 Abs. 2 BetrVG).

Neuwahl

Bei einem dauerhaften Ausscheiden eines Betriebsrats der Liste B rückt Dahms nach. Für den Fall, dass ein weiteres Mitglied der Liste B ausscheidet, gäbe es kein nachrückendes Ersatzmitglied mehr. Was in unserem Beispiel dann automatisch zu Neuwahlen führt, wenn Liste A auch keine Ersatzmitglieder mehr hätte und damit die Anzahl der Mitglieder des Betriebsrats unterhalb der vorgeschrieben Personenzahl (drei BR) gesunken wäre (§ 13 Abs. 2 Nr. 2 BetrVG).

IV. Geschäftsordnung

Regelungen

Der Betriebsrat kann sich eine Geschäftsordnung geben. Wir haben bereits gesehen, dass beispielsweise die Frage der Inhalte des Protokolls, die Frage der Sitzungstermine und dazu Regelungen über Form und Zeitpunkt der Einladung zu den Sitzungen Gegenstände einer solchen Geschäftsordnung sein können.

Auch die Einsetzung von Ausschüssen, die Durchführung von Abstimmungen (wann geheim etc.) und andere formelle Fragen können hier geregelt werden. Dazu kommen die Befugnisse der Vorsitzenden oder des Betriebsausschusses, die in einer Geschäftsordnung begrenzt oder erweitert werden können.

Freie Abstimmung

Geschäftsordnungen bieten sich immer dann an, wenn es sich um größere Betriebsräte handelt, für die ein formelles Verfahren für eine zügige Sitzungsabwicklung sinnvoll erscheint. Die Geschäftsordnung wird mit der Mehrheit der Stimmen der Betriebsräte beschlossen. Sie ist daher auch jederzeit mit entsprechender Mehrheit änderbar. Auch der Betriebsausschuss kann sich eine eigene Geschäftsordnung im Rahmen seiner Befugnisse geben.

Geschäftsordnung des BR

Mustergeschäftsordnung (in Stichworten)

Für den örtlichen Betriebsrat bei der/beim ....

Der am .... gewählte örtliche Betriebsrat/der Betriebsausschuss des Betriebsrats bei der Firma .... gibt sich gemäß § 36 BetrVG mit Beschluss vom (Datum) folgende Geschäftsordnung:

§ 1 Geltungsdauer

- Für die Dauer der Amtszeit.

§ 2 Einberufung und Leitung der Betriebsratssitzungen

- Ort und Zeitpunkt.
- Antragsrecht von Betriebsratsmitgliedern für zusätzliche Sitzungen.

§ 3 Ladung von Ersatzmitgliedern

- Reihenfolge des Nachrückens und rechtzeitige (2 Tage vorher) Einladung.

§ 4 Einladung

- Zeitpunkt (3 Tage mind.) und Inhalte, Schriftform.
- Teilnahme der JAV, Schwerbindertenvertreter, Gewerkschaftsvertretern, innerbetriebliche Auskunftspersonen, externe Sachverständige, Vetretern des Unternehmens

§ 5 Tagesordnung

- Inalte, Beschlussformulierung, Anlagen (Infos)
- Ergänzungsmöglichkeiten, Fristen

§ 6 Beschlussfähigkeit

- Prüfung anhand der Anwesenheitsliste (persönlicher Eintrag)
- Persönliche Betroffenheit berücksichtigen

§ 7 Ablauf der Sitzung

- Leiter (Vorsitzende, Stellvertreter)
- Tagesordnung ergänzen (ggf. einstimmig)
- Protokoll führen
- Einführung in die Themen
- Worterteilung und -entzug

§ 8 Beschlussfassung

- Wortlaut der Anträge
- Offene/geheime Abstimmung
- Auszählung Ja-/Nein-Stimmen und Enthaltungen
- Anträge zur Geschäftsordnung

§ 9 Protokoll

- Beschlüsse mit Abstimmungsergebnis
- Kurzbeschreibung des Themas und des Diskussionsverlaufs
- Arbeitsaufträge an BR-Mitglieder oder Ausschüsse
- Verteiler

§ 10 Aufgaben der/des Vorsitzenden

- Für Betriebsräte mit weniger als neun Mitgliedern:
- Beschreibung der laufenden Geschäfte:

  - Erledigung des Schriftverkehrs
  - Organisation des BR-Büros
  - Vorbereitung der BR-Sitzungen
  - Koordination der Ausschussarbeit
  - Kommunikationsverantwortung (Infos weitergeben etc.)
- Vertretung des BR
- Leitung BR-Sitzung, Betriebsversammlung

§ 11 Aufgaben des Betriebsausschusses

Für Betriebsräte mit neun und mehr Mitgliedern:

- Beschreibung der laufenden Geschäfte:
  - Erledigung des Schriftverkehrs
  - Organisation des BR-Büros
  - Vorbereitung der BR-Sitzungen
  - Koordination der Ausschussarbeit
  - Kommunikationsverantwortung (Infos weitergeben etc.)
- Weitere Aufgaben nur mit schriftlicher Beauftragung durch BR
- Pflicht Protokolle anzufertigen und BR zu überreichen

Der BR-Vorsitzende hat somit im wesentlichen folgende Aufgaben:

- Vertretung des BR
- Leitung BR-Sitzung, Betriebsversammlung

§ 12 Arbeitsteilung im Betriebsrat

- Aufgabenverteilung als Daueraufgaben und Zuständigkeit
- Zuständigkeit für Kommunikation mit Beschäftigten bestimmter Abteilungen
  - Berichtspflicht im BR

§ 13 Arbeitsteilung mit Ausschüssen und Arbeitsgruppen

- Schriftliche Aufgabenübertragung an folgende Auschüsse:
  - Personelle Maßnahmen
  - Neue Technologien

- Datenschutz
- Umweltschutz
- Berufsbildung und Qualifizierung
- Arbeitsschutz

...

- Schriftliche Aufgabenübertragung an Arbeitsgruppen im Betrieb:
  - Regelung zur Arbeitszeit
  - Arbeitsinhalten etc.
- Benennung der Ausschussmitglieder
- Beschreibung der Aufgaben und Befugnisse
- Protokollpflicht an BR

§ 14 Arbeitsplanung/Qualifizierung im BR

- Zielsetzung
- Aufgabenzuordnung
- Zielüberprüfung
- Bildungsplanung
- Seminarplanung und -auswahl

§ 15 Teilnahme der Jugend- und Auszubildendenvertretung und der Schwerbehindertenvertretung

- Einladung
- Teilnahme der gesamten JAV
- Stimmrecht
- Folge von Aussetzungsanträgen

§ 16 Sprechstunden

- Zeitpunkt, Ort
- Zuständige BR-Mitglieder

§ 17 Monatsgespräch mit dem Unternehmer

- Zeitpunkt
- Leitung
- Teilnehmer

§ 18 Betriebsversammlung

- Quartalsversammlungen, Ort, Datum, Zeit

- Sonderversammlung
- Planung, Ablauf, Gestaltung
- Vorbereitungsteam

§ 19 Wirksamkeit

Datum des Inkrafttretens der Geschäftsordnung

Ort, Datum

Unterschrift

(Betriebsrats-Vorsitzende/r)

V. Bildung und Aufgaben von Gesamt- und Konzernbetriebsrat

Gesamtbetriebsrat wird entsandt

Wenn das Unternehmen nicht nur einen Betrieb, sondern zwei oder mehr hat, kann in jedem Betrieb ein Betriebsrat gewählt werden. Für diesen Fall ist dann zwingend ein Gesamtbetriebsrat durch Entsendung von Mitgliedern aus den einzelnen Betriebsräten zu bilden.

Konzernbetriebsrat ist feiwillig

Gehört das Unternehmen einem Konzern an (beherrschende Muttergesellschaft mit verschiedenen Tochtergesellschaften), so ist es möglich, auf der obersten Konzernebene einen Konzernbetriebsrat zu errichten. Dies ist im Gegensatz zur Bildung des Gesamtbetriebsrats jedoch nicht zwingend, sondern freiwillig und abhängig von der Entscheidung der Gesamtbetriebsräte bzw. Betriebsräte in den Unternehmen oder Betrieben des Konzerns.

1. Gesamtbetriebsrat

Bildung des GBR

Wenn ein Unternehmen mehrere Betriebe hat, kann in jedem Betrieb, in dem mehr als fünf Beschäftigte arbeiten, ein Betriebsrat gewählt werden. Bestehen somit in einem Unternehmen mehrere Betriebsräte, ist zwingend ein Gesamtbetriebsrat durch Entsendung von i.d.R. je zwei Mitgliedern aus den einzelnen Betriebsräten zu bilden.

Entsenden statt wählen

Bestehen in einem Unternehmen mehrere Betriebsräte, so wird ein Gesamtbetriebsrat errichtet und nicht gewählt. In diesen Gesamtbetriebsrat entsendet jeder Betriebsrat mit bis zu 3 Mitgliedern eines seiner Mitglieder und jeder Betriebsrat mit mehr als 3 Mitgliedern 2 seiner Mitglieder. Bei der Entsendung sind die Geschlechter angemessen zu berücksichtigen (§ 47 BetrVG). Die frühere Berücksichtigung der Gruppen (Arbeiter, Angestellte) ist durch die Neuregelung im Betriebsverfassungsgesetz 2001 entfallen. Auch Ersatzmitglieder sind zu benennen und die Reihenfolge des Nachrückens ist festzulegen, was die Arbeitsfähigkeit des Gesamtbetriebsrats sichern soll.

Größe

Bei Großunternehmen kann es vorkommen, dass das Gesamtbetriebsratsgremium so groß wird, dass es einerseits kaum noch arbeitsfähig ist, andererseits erhebliche Reisekosten, Tagungskosten usw. für die Sitzungen entstehen. In diesem Fall hat der Gesetzgeber vorgesehen, dass bei mehr als 40 Mitgliedern im Gesamtbetriebsrat durch Betriebsvereinbarung oder Tarifvertrag eine Verkleinerung vereinbart werden kann. Es soll mit einer solchen Vereinbarung erreicht werden, dass regional zusammengehörende gemeinsame Betriebsräte durch ein Mitglied im Gesamtbetriebsrat vertreten werden.

Zuständigkeit

In § 50 BetrVG hat der Gesetzgeber die Abgrenzung der Zuständigkeit zwischen Betriebsräten und Gesamtbetriebsräten vorgenommen. Danach gibt es eine direkte (originäre) Zuständigkeit und eine durch Aufgabenübertragung von den örtlichen Betriebsräten.

- das Gesamtunternehmen oder mehrere Betriebe betreffen und
- nicht durch die einzelnen Betriebsräte innerhalb ihrer Betriebe geregelt werden können.

Zwingende Zuständigkeit

Die zweite Bedingung bedeutet dabei, dass eine einheitliche Regelung notwendig sein muss oder sich für einen objektiven Beobachter geradezu aufdrängt. Als Beispiel dafür wären zu nennen die Personalplanung für das gesamte

Unternehmen oder Maßnahmen der Berufsbildung, die zentral durchgeführt werden oder auch Betriebsänderungen, die mehrere Betriebe betreffen.

Ist der Gesamtbetriebsrat zuständig, so erstreckt sich seine Zuständigkeit auch auf Betriebe ohne Betriebsrat. Wenn der GBR also mit dem Unternehmen im Rahmen seiner Zuständigkeit Gesamtbetriebsvereinbarungen abschließt, so gelten diese auch in den Betrieben, die keinen Betriebsrat gewählt haben.

Aufgabenübertragung

Neben dieser direkten Zuständigkeit, können Betriebsräte ihre eigene Zuständigkeit auch an den Gesamtbetriebsrat abgeben. Sie können den Gesamtbetriebsrat beauftragen, Angelegenheit für sie zu behandeln (§ 50 Abs. 2 BetrVG). Für diese Fälle können sie sich die abschließende Entscheidungsbefugnis vorbehalten. Die Beauftragung muss schriftlich erfolgen. Wenn sie widerrufen wird, muss auch dieses schriftlich geschehen.

Besonderheiten bei Beschlussfassung und Abstimmung

Grundsätzlich gelten die meisten Regelungen für die Geschäftsführung in der gleichen Art und Weise wie für den Betriebsrat (§ 51 BetrVG). Bei der Beschlussfassung ist jedoch zu beachten, dass nicht pro Kopf der Anwesenden abgestimmt wird, sondern jedes Mitglied so viele Stimmen hat, wie es Beschäftigte aus seinem Betrieb vertritt. Dabei wird auf die Wählerliste zum Zeitpunkt der Wahl abgestellt. Sind zwei Betriebsräte entsandt, so hat jeder die Hälfte der Stimmen der wahlberechtigten Beschäftigten in seinem Betrieb (diese können nicht übertragen werden).

Beschlussfähigkeit

Eine weitere Besonderheit ist, dass der Gesamtbetriebsrat nur beschlussfähig ist, wenn einerseits die Hälfte seiner Mitglieder an der Abstimmung teilnimmt und andererseits diese wiederum die Hälfte aller Stimmen vertreten. Dies ist als ein Schutzrecht für kleine Betriebe zu sehen. Oft gibt es im Unternehmen einen großen Betrieb (zentrale Verwaltung oder ähnliches) und viele kleine Außenstellen. Auf Grund der Abstimmung mit den Stimmen der wahlberechtigten Beschäftigten hätten die kleinen Betriebe keine Durchsetzungschancen. Dadurch, dass sie für die Beschlussfähigkeit gebraucht werden, ist mit ihnen auch über Kompromisse zu verhandeln.

2. Konzernbetriebsrat

KBR ist freiwillig

Die Errichtung eines Konzernbetriebsrats ist freiwillig. Erforderlich ist dafür, dass die im Konzern vorhandenen Gesamtbetriebsräte oder wenn solche nicht bestehen, auch die Betriebsräte, die insgesamt mehr als 50 % aller Beschäftigten der Arbeitnehmer im Konzern vertreten, die Errichtung beschließen. Ferner muss es sich um einen Konzern im Sinne § 18 Abs. 1 Aktiengesetz handeln. Ein solcher Konzern muss eine Struktur haben, bei der entweder ein herrschendes Unternehmen und diesem untergeordnete weitere Unternehmen gibt oder Unternehmen die unter einer einheitlichen Leitung zusammengefasst sind. Immer dann, wenn es eine Mutter gibt, die das Sagen hat und Töchter, in die die Mutter hinein regieren kann oder die ihren Gewinn abführen müssen, kann auch bei der Muttergesellschaft ein Konzernbetriebsrat gebildet werden.

In diesem Konzernbetriebsrat würde dann jeder Gesamtbetriebsrat zwei seiner Mitglieder entsenden, wobei die Geschlechter angemessen zu berücksichtigen sind. Auch hier wären wiederum für die Mitglieder Ersatzmitglieder zu bestellen. Die Mitgliederzahl des Konzernbetriebsrats kann, wie beim Gesamtbetriebsrat, durch Betriebsvereinbarung oder Tarifvertrag abweichend geregelt werden.

Zuständig für den Konzern

Der Konzernbetriebsrat ist immer dann zuständig, wenn die Angelegenheit mehrere Konzernunternehmen oder den gesamten Konzern betrifft und durch die einzelnen Gesamtbetriebsräte nicht geregelt werden kann. Die Zuständigkeit ist also auf der nächst höheren Ebene genauso abgebildet, wie beim Gesamtbetriebsrat auf der mittleren Ebene.

Der Konzernbetriebsrat vertritt auch Unternehmen oder Betriebe, die keinen Betriebsrat oder Gesamtbetriebsrat haben. Die von ihm abgeschlossenen Konzernbetriebsvereinbarungen gelten auch in diesen Bereichen.

Neben dieser originären Zuständigkeit können die Gesamtbetriebsräte auch Aufgaben an den Konzernbetriebsrat delegieren.

Beschlussfassung

Für die Geschäftsführung des Konzernbetriebsrats gelten grundsätzlich die Regeln wie für die Geschäftsführung der Betriebsräte (§ 59 BetrVG). Besonderheiten bestehen wieder hinsichtlich der Abstimmung und der Beschlussfassung. Bei der Abstimmung gilt, wie beim Gesamtbetriebsrat, dass mit der Anzahl der mitgebrachten Stimmen abgestimmt wird. Es wird also nicht nach Köpfen abgestimmt, sondern nach den Beschäftigten, die die Mitglieder jeweils vertreten. Für die Frage der Beschlussfähigkeit gilt ebenfalls das für den Gesamtbetriebsrat Gesagte. Auch im Konzernbetriebsrat muss einerseits mindestens die Hälfte der Mitglieder an der Abstimmung teilnehmen und andererseits müssen diese mindestens die Hälfte aller Stimmen auf sich vereinigt haben.

VI. Betriebsräteversammlung

Vorsitzende, Stellvertreter, Betriebsausschüsse

Ein weiteres Gremium zum Informationsaustausch ist die Betriebsräteversammlung (§ 53 BetrVG). In dieser einmal im Jahr stattfindenden Versammlung kommen die Vorsitzenden und stellvertretenden Vorsitzenden der Betriebsräte und die weiteren Mitglieder der Betriebsausschüsse (s. S. 105) zu einer Versammlung zusammen.

Aufgaben

In dieser Betriebsräteversammlung erstattet der Gesamtbetriebsrat einen Tätigkeitsbericht und der Unternehmer einen Bericht über das Personal- und Sozialwesen einschließlich des Standes der Gleichstellung von Frauen und Männern im Unternehmen, über die Integration der im

Unternehmen beschäftigten ausländischen Arbeitnehmer, über die wirtschaftliche Lage und Entwicklung des Unternehmens, so wie über Fragen des Umweltschutzes im Unternehmen.

Ziel solcher Betriebsräteversammlung ist der unternehmensweite Austausch und die Möglichkeit über örtliche Probleme zu reden. Hier wird die künftige täglich Arbeit koordiniert und es können Strategien für ein abgestimmtes Vorgehen besprochen werden.

VII. Wirtschaftsausschuss

Ergänzend zu erwähnen ist noch der sogenannte Wirtschaftsausschuss. Ein solcher Ausschuss ist in Unternehmen mit mehr als 100 Beschäftigten zu bilden (§ 106 BetrVG). Der Wirtschaftsausschuss hat einerseits die Aufgabe den Unternehmer zu beraten und andererseits die Betriebsräte zu unterrichten. Dazu hat er umfassende Informationsansprüche gegenüber dem Unternehmen. So ist er insbesondere über alle wirtschaftlichen Angelegenheiten zu unterrichten. Dazu gehören nach § 106 Abs. 3 BetrVG:

Informationsrechte

- die wirtschaftliche und finanzielle Lage des Unternehmens,
- die Produktions- und Absatzlage,
- das Produktions- und Investitionsprogramm,
- Rationalisierungsvorhaben,
- Fabrikations- und Arbeitsmethoden, insbesondere die Einführung neuer Arbeitsmethoden,
- Fragen des betrieblichen Umweltschutzes,
- Einschränkung oder Stilllegung von Betrieben oder Betriebsteilen,
- die Verlegung von Betrieben oder Betriebsteilen,
- der Zusammenschluss über die Spaltung von Unternehmen oder Betrieben,
- die Änderung der Betriebsorganisation oder des Betriebszwecks,

- sowie sonstige Vorhaben und Vorgänge, welche die Interessen der Arbeitnehmer wesentlich berühren können.

Mitglieder

In den Wirtschaftsausschuss werden oft sachverständige Kolleginnen und Kollegen berufen, denen die Betriebsratsarbeit zu viel ist, die jedoch bereit sind, ihr Fachwissen in den Wirtschaftsausschuss einzubringen (§ 107 BetrVG). Da dieser viel seltener tagt als der Betriebsrat, ist die Arbeitsbelastung nicht so groß.

Tipp

Durchsetzungsmöglichkeiten

Eine Besonderheit ist, dass der Wirtschaftsausschuss die Informationen, die er für erforderlich hält, dem Unternehmen abverlangen kann. Will das Unternehmen diese Information nicht herausgeben, so kann der Wirtschaftsausschuss über den Betriebsrat die Einigungsstelle anrufen. Die Einigungsstelle würde dann endgültig darüber entscheiden, ob die Informationen vom Unternehmen herausgegeben werden müssen (§ 109 BetrVG).

VIII. Jugend- und Auszubildendenvertretung (JAV)

Teilnahmerecht an BR-Sitzungen

Dem Betriebsrat an die Seite gestellt wurde die JAV. Es handelt sich um eine Vertretung, die die Interessen der Auszubildenden bis zum 25. Lebensjahr und der Jugendlichen bis zum 18. Lebensjahr wahrnehmen soll. Sie führt ihre eigenen Sitzungen durch und hat das Recht (insgesamt oder über Vertreter) an Betriebsratssitzungen teilzunehmen. Sie hat in Betriebsratssitzungen sogar Stimmrecht, wenn es sich bei den Beschlussgegenständen um überwiegende Interessen der jugendlichen und auszubildenden Beschäftigten handelt. In diesen Fällen kann sie sogar einen Betriebsratbeschluss aussetzen lassen und innerhalb einer Woche versuchen, den Betriebsrat von ihrer Auffassung zu überzeugen.

Eigene Sitzungen

Die JAV hat die Möglichkeit eigene Sitzungen durchzuführen, sich schulen zu lassen und die Interessen der Jugendlichen und Auszubildenden im Unternehmen zu vertreten.

Schutzrechte

Für die JAV Mitglieder gibt es besondere Schutzrechte. Auch sie dürfen nicht so einfach gekündigt werden und haben am Ende ihres Ausbildungsverhältnisses einen Anspruch darauf, in ein Arbeitsverhältnis übernommen zu werden (§ 78 a BetrVG).

G. Wie sieht die Arbeit des Betriebsrats aus (Sitzungen)?

Erste Sitzung

Die erste Sitzung des Betriebsrats, die konstituierende, unterscheidet sich von den Folgenden insbesondere dadurch, dass zu dieser Sitzung der Wahlvorstand innerhalb einer Woche nach dem Wahltag einladen muss und das die Tagesordnung durch das Gesetz (§ 29 BetrVG) festgelegt ist. In dieser Sitzung werden mindestens die

- Bestellung eines Wahlleiters und die
- Wahl der/des Vorsitzenden und ihrer/seiner Stellvertreter gemäß § 26 BetrVG behandelt.

§§

§ 27 BetrVG

Sinnvoll ist es, bereits in dieser Sitzung weitere Wahlen durchzuführen, um einen arbeitsfähigen Betriebsrat zu erhalten. Dazu gehören:

- Die Wahl des Betriebsausschusses gemäß § 27 BetrVG (mehr als 9 Betriebsräte),
- Gewählt werden könnten ferner
  - Schriftführer
  - Mitglieder des Wirtschaftsausschusses
  - weitere Ausschüsse und ihre Mitglieder
  - Kommissionen etc.
- Zu entscheiden wäre auch über die Verteilung der Freistellungen und
- die Entsendung in andere Gremien (GBR, KBR etc.).

I. Einladung

§§

§ 29 BetrVG
Wer lädt ein?

Zu den weiteren Sitzungen lädt die/der Vorsitzende ein. Diese/r bestimmt auch grundsätzlich den Zeitpunkt der folgenden Sitzungen. Eine Sitzung kann allerdings auch von einem Viertel der Mitglieder des Betriebsrats oder dem Unternehmen erzwungen werden (§ 29 Abs. 3 BetrVG).

Wann?

Die Einladung zur nächsten Sitzung hat »rechtzeitig« zu erfolgen. Rechtzeitig bedeutet, dass sich die Mitglieder des

Betriebsrats auf die Themen der Sitzung vorbereiten können, also in der Regel mehrere Tage Zeit haben. Oft werden die Folgetermine im Betriebsrat besprochen und gemeinsam festgelegt. Auch ist es in größeren Gremien üblich, dass es einen bestimmten Sitzungsturnus (alle zwei Wochen etc.) gibt.

Wer ist einzuladen?

Teilnehmer der Sitzung sind alle Betriebsratsmitglieder und für den Fall der Verhinderung, das entsprechende Ersatzmitglied. Einzuladen sind ferner die Schwerbehindertenvertretung und die JAV. Der Unternehmer hat ein Teilnahmerecht, wenn die Sitzung auf sein Verlangen einberufen wurde oder er ein eingeladen worden war. Auch ein Beauftragter einer im Betriebsrat vertretenen Gewerkschaft hat ein Teilnahmerecht, wenn dies ein Viertel der Betriebsratsmitglieder beantragt. Jeweils verhinderte Mitglieder wurden durch die entsprechenden Ersatzmitglieder vertreten, die ggf. einzuladen sind.

JAV

Die JAV hat immer das Recht eine/n Vertreter/in beratend zur Sitzung zu entsenden und zu den Tagesordnungspunkten, bei denen besonders jugendliche Beschäftigte betroffen sind, darf die gesamte JAV teilnehmen und geht es überwiegend um Belange der JAV hat sie auch ein Stimmrecht (§ 67 Abs. 2 BetrVG).

II. Tagesordnung

Sinn der Tagesordnung

Die/der Vorsitzende legt die Tagesordnung fest. Sie/er hat dabei allerdings alle Angelegenheiten zu berücksichtigten, die zur Erfüllung der Aufgaben des Betriebsrats gehören. Die Tagesordnung muss so gefasst sein, dass es den Betriebsräten möglich ist, sich auf die konkreten Beratungsgegenstände vorzubereiten. Die Einsichtnahme in entsprechende Unterlagen ist zu gewährleisten. Dies kann bedeuten, dass die Betriebsräte sich im Zimmer des Betriebsrats informieren müssen; dies bedeutet nicht unbedingt, das Unterlagen mit versandt werden.

Nur Einstimmig

Einzelne Punkte können auf die Tagesordnung gesetzt werden, wenn dies ein Viertel der Betriebsratsmitglieder oder die JAV (§ 67 BetrVG) vor der Sitzung rechtzeitig beantragt. Änderungen der Tagesordnung um Punkte, in denen Beschlüsse zu fassen wären, sind in der Sitzung nur möglich, wenn alle gesetzlichen Mitglieder des Betriebsrats dies einstimmig beschließen (BAG vom 28.4.1988 in AP Nr. 2 zu § 29 BetrVG 1972). Die gesetzlichen Mitglieder sind alle gewählten Betriebsräte und gegebenenfalls die sie vertretenden Ersatzmitglieder.

Tipp

Dies wird in der Praxis oft anders gelebt, da kurzfristig dem Betriebsrat übergebene Angelegenheiten oft noch schnell mit beschlossen werden sollen. Konnten bei der Änderung der Tagesordnung nicht alle Betriebsratsmitglieder mitwirken, so sollte der Beschluss mindestens nachträglich durch die fehlenden Betriebsratsmitglieder gebilligt werden, um so Manipulationsvorwürfen zu begegnen. Bei besonders wichtigen Angelegenheiten, wo es vielleicht zu einer Auseinandersetzung mit dem Unternehmen kommt, sollte vorsichtshalber kurzfristig eine Sondersitzung anberaumt werden.

Muster

Wie eine Tagesordnung aussehen kann, zeigt nachfolgendes Beispiel:

Tages-ordnung BR-Sitzung

Tagesordnung

1. Eröffnung, Begrüßung
2. Feststellung der ordnungsgemäßen Einladung der anwesenden Betriebsräte und der Beschlussfähigkeit, JAV, Schwerbehindertenvertretung, Gewerkschaft, Unternehmer
3. Beratung des Protokolls der Sitzung vom ......
4. Gespräch mit dem Unternehmer ....
   – Themen ....
5. Bericht über laufende Geschäfte und die Ausführung von Beschlüssen
6. Beschluss über künftigen Sitzungsturnus ....
7. Personalangelegenheiten
   a. Zustimmung zur Versetzung des Herrn A ....

   b. Zustimmung zur Höhergruppierung von Frau B .....
   c. Zustimmung zur Einstellung von Frau C .....
8. Soziale und organisatorische Angelegenheiten
   a. Beschluss zum Überstundenantrag in der Abteilung X
   ....
   g. Beschluss zur Preiserhöhung in der Kantine .....
9. Verschiedenes

III. Zeitpunkt und Öffentlichkeit

BR bestimmt Zeitpunkt

Die Sitzungen finden während der Arbeitszeit statt, wobei auf die betrieblichen Verhältnisse Rücksicht zu nehmen ist (§ 30 BetrVG). Die Leitung des Unternehmens ist über den Zeitpunkt zu informieren. Es bietet sich an, dass ein bestimmter Sitzungsturnus beschlossen wird und es feste Sitzungstage gibt. So können sich sowohl das Unternehmen als auch die Kolleginnen und Kollegen auf die Abwesenheit der jeweiligen Betriebsräte von ihrem Arbeitsplatz einstellen. Nachfolgend ein Beispiel für eine Mitteilung an die Geschäftsleitung:

Mitteilung Sitzungstermine

Abs. Betriebsrat ...

Schreiben an das Unternehmen

Mitteilung über den Zeitpunkt der regelmäßigen Sitzungstermine

Sehr geehrter Herr/Frau ...

in der letzten Sitzung des Betriebsrats haben wir beschlossen, künftig einmal pro Woche jeweils am Freitag um 9:00 Uhr zu tagen. Nach unseren bisherigen Erfahrungen wird die Dauer der Sitzungen i. d. R. 2-3 Stunden betragen.

Bitte informieren Sie die betroffenen Abteilungen, so dass die Kolleginnen und Kollegen von der Arbeit freigestellt werden.

Es würde von uns begrüßt, wenn Sie als Leiter des Unternehmens oder Ihr ständiger Vertreter in dieser Zeit für Rückfragen zur Verfügung stehen würden.

Mit freundlichem Gruß

(Unterschrift)
Betriebsratsvorsitzende/r

Geheime Sitzungen

Die Sitzungen sind nicht öffentlich. Die Verhandlungen sollen vertraulich stattfinden und auf einen engen Personenkreis beschränkt sein. Durch das Gesetz ist die Teilnahmemöglichkeit Dritter begrenzt. Nach dem BetrVG dürfen neben den einzuladenden Teilnehmern (+ JAV, + Schwerbindertenvertretung), auch Gewerkschaftsvertreter, Sachverständige, Auskunftspersonen sowie eine Schreibkraft als Protokollführer teilnehmen. Externe jedoch nur zu den Punkten, zu denen sie vom Betriebsrat angehört werden sollen. An der Beschlussfassung nehmen sie nicht teil.

IV. Anwesenheitsliste

§§

§ 34 BetrVG

Es ist eine Anwesenheitsliste zu führen, in die sich jeder Teilnehmer eigenhändig einzutragen hat (§ 34 Abs. 1 BetrVG).

Vorname	Name	Unterschrift

Unterschrift reicht

Die eigenhändige Eintragung ist durch die jeweilige Unterschrift gewährleistet. Es können also Listen mit den Namen der Betriebsräte und Ersatzmitglieder vorgefertigt werden, in die dann die Eintragung durch Unterschrift erfolgt. Um spätere Schwierigkeiten zu vermeiden wäre es auch sinnvoll, ein zu spätes Erscheinen und ein früheres Gehen zu vermerken.

Vorname	Name	von – bis	Unterschrift

V. Beschlussfassung

Anwesenheit

Beschlüsse können nur während der Betriebsratssitzung gefasst werden. Ein Beschluss im Umlaufverfahren oder dergleichen kennt das Gesetz nicht. Beschlüsse werden mit einfacher Mehrheit gefasst, soweit im Gesetz nichts anderes vorgesehen ist.

Tagesordnung

Die Tagesordnung muss den zu beschließenden Punkt benennen. Unter »Verschiedenes« können keine Beschlüsse gefasst werden. Eine nachträgliche Ergänzung der Tagesordnung in der Sitzung zur Beschlussfassung ist nur möglich, wenn alle Betriebsratsmitglieder (gesetzl. Zahl) zustimmen.

Beschlussfähigkeit

Voraussetzung für einen wirksamen Beschluss ist, dass der Betriebsrat beschlussfähig ist. Dazu müssen mindestens die Hälfte seiner Mitglieder anwesend sein (§ 33 Abs. 2 BetrVG). Auch geladene Ersatzmitglieder sind für den Vertretungsfall vollwertige Betriebsräte in diesem Sinne. Die Zahl der Betriebsräte bemisst sich nach den tatsächlich im Amt befindlichen Betriebsräten und nicht nach der gesetzlich vorgesehenen Anzahl.

1. Beispiel:

z.B.

Ein Betriebsrat hat elf Mitglieder, ein Betriebsratsmitglied fehlt unerwartet, so dass ein Ersatzmitglied nicht geladen werden konnte. Es sind nur zehn Betriebsräte anwesend.

Bei der gesetzlichen Zahl von elf, wäre er erst mit sechs Personalräten beschlussfähig, nun ist er bereits mit fünf Anwesenden in der Lage Beschlüsse zu fassen.

Wert der Summe

Beschlüsse werden mit einfacher Mehrheit gefasst (§ 33 BetrVG). Bei Stimmengleichheit ist der Antrag abgelehnt. Stimmenthaltungen wirken als Ablehnung, da eine Stimmenmehrheit aller anwesenden Mitglieder nötig ist.

z.B.

2. Beispiel:
Obiger zehnköpfiger Betriebsrat ist komplett anwesend und stimmt ab.

Vier sind für den Antrag.
Drei sind gegen den Antrag.
Drei enthalten sich.
Der Antrag ist abgelehnt, da er keine einfache Stimmenmehrheit (mindestens sechs) fand.

Offen oder geheim

Soweit es in der Geschäftsordnung keine Regelungen gibt, sind die Form der Beschlussfassung und der Wortlaut der zu fassenden Beschlüsse frei. Die Beschlüsse können auch wieder aufgehoben und geändert werden, solange sie noch nicht nach außen Rechtswirkung erzeugt haben.

z.B.

3. Beispiel:
Für ein Vorhaben kann unser obiger Betriebsrat je nach Antrag sechs oder auch nur fünf Ja-Stimmen benötigen, um es durchzusetzen!

Antrag a): Wer ist für die Einstellung von XY?
Zur Befürwortung sind sechs von zehn Stimmen nötig.

Antrag b): Wer ist gegen die Einstellung von XY?
Zur Befürwortung sind nur fünf von zehn Stimmen nötig! Wenn fünf Betriebsräte mit Ja stimmen, dann ist keine Mehrheit gegen die Einstellung vorhanden und somit der Einstellung mit fünf Stimmen (Ablehnung oder Enthaltung!) zugestimmt worden.

Dazu kommt nach Meinung des Verfassers eine psychische Hemmschwelle »gegen« etwas zu sein. Es ist einfacher für etwas zu stimmen als offen eine ablehnende Haltung einzunehmen.

Beschlüsse, die einzelne Betriebsräte persönlich betreffen, werden ohne dieses Betriebsratsmitglied gefasst. Wegen seiner Befangenheit kann dieses Betriebsratsmitglied auch nicht an der Beratung teilnehmen. Es ist dann ein entsprechendes Ersatzmitglied rechtzeitig zu laden.

§§

Aussetzung von Beschlüssen möglich

Auf Antrag der Mehrheit der JAV oder der Schwerbehindertenvertretung können Beschlüsse des Betriebsrats ausgesetzt werden. Erforderlich ist dafür, dass eine erhebliche Beeinträchtigung wichtiger Interessen durch die Vertretenden erkannt wird. Der Beschluss ist dann für eine Woche auszusetzen, um in dieser Zeit eine einvernehmliche Regelung zu erreichen (§ 35 Abs. 1 BetrVG). Nach der Aussetzungsfrist muss über den Punkt erneut beschlossen werden.

VI. Protokoll

Formale Inhalte

Von jeder Sitzung ist eine Niederschrift (Protokoll) anzufertigen. Diese muss den Ort, Tag und Beginn und Ende der Sitzung, den Wortlaut der Beschlüsse und die Stimmenmehrheit mit der sie gefasst wurden, enthalten (§ 34 BetrVG). Sie muss ferner unterschrieben sein und zwar vom Vorsitzenden und einem weiteren Mitglied des Betriebsrats (nicht unbedingt vom Schriftführer).

Weitere Inhalte

Sie soll darüber hinaus die Tagesordnung und die gestellten Anträge aufführen. Eine Teilnehmerliste mit eigenhändiger Unterschrift ist beizufügen, in der auch die sonstigen Teilnehmer aufgeführt werden. Eine Beschränkung der Inhalte gibt es nicht. Da das Protokoll auch dazu dient, die verhinderten Mitglieder über die Arbeit zu informieren, bietet es sich an, mehr als nur die Anträge und Beschlüsse aufzunehmen und Entscheidungen damit nachvollziehbar zu machen.

Keine Genehmigung

Jeder Teilnehmer der Sitzung kann Einwendungen gegen das Protokoll erheben. Er kann also aufführen, was er an dem Protokoll für unberechtigt hält. Diese Einwendungen sind dann dem Protokoll beizufügen. Eine Genehmigung des Protokolls ist im Gesetz nicht vorgesehen. Mit einer Genehmigung würde jedoch erreicht, dass deutlich wird, dass der Betriebsrat hinter der Richtigkeit des Protokolls steht.

Die Protokolle sind mit den sonstigen Vorgängen des Betriebsrats aufzubewahren. Die Aufbewahrungsfrist endet nicht mit der Amtszeit; kann jedoch auf den Ablauf einer weiteren Amtszeit beschränkt werden.

Protokoll BR-Sitzung

Betriebsrat XY

Protokoll

der Sitzung vom .... in ....
Beginn: ....Uhr
Ende:....................Uhr
Teilnehmer (s. Anlage 1: Teilnehmerliste)

Zu TOP 1: Sitzungsniederschrift vom ....
Beratung des Protokolls vom .....
Es wurden keine Einwendungen erhoben.

Zu TOP 2: Berichte
Die Vorsitzende berichtet über ihre Tätigkeit seit der letzten Sitzung. Umsetzungen bezüglich gefasster Beschlüsse gab es keine.

Zu TOP 3: Personelle Angelegenheiten
Der Einstellung der Angestellten M stimmten zu 4, Enthaltungen 1, Ablehnung 2.
Der Höhergruppierung des Arbeiters K stimmten 7 zu, keine Enthaltungen, keine Ablehnungen.

Zu TOP 4 ....

Ort, Datum
Unterschriften Protokollführer/in und Betriebsrats-vorsitzende/r

H. Betriebsvereinbarungen als Arbeitsergebnisse

Betriebs-, Gesamtbetriebs- und Konzernbetriebsvereinbarungen

Eine Betriebsvereinbarung ist eine vertragliche Regelung zwischen dem Unternehmer und der Interessenvertretung der Beschäftigten. Auf betrieblicher Ebene wurde also zwischen Unternehmen und Betriebsrat oder mittels einer Gesamtbetriebsvereinbarungen auf Unternehmensebene zwischen Unternehmen und Gesamtbetriebsrat etwas geregelt. Auf Konzernebene wird eine Vereinbarung zwischen Arbeitgeber und Konzernbetriebsrat Konzernbetriebsvereinbarung genannt. Regelbar sind alle betrieblichen Fragen, soweit sie nicht durch Gesetze oder Tarifverträge bereits abschließend geregelt sind. Die Betriebsvereinbarung dokumentiert also die Einigung zwischen Betriebsrat und Unternehmen über beteiligungspflichtige Angelegenheiten (weiter Begriff s. § 80 BetrVG) und belegt in schriftlicher Form die durchgeführte Betriebsratsbeteiligung.

Beispiel: Freiwillige Leistungen

z.B.

Gratifikation

Der Unternehmer P. hängt ein Schreiben an das schwarze Brett, wonach er von dem letztjährigen Gewinn 500.000,-- Euro an die »leistungstragenden« Mitarbeiter ausschütten möchte. Er schreibt:

»Wer im letzten Jahr nicht erkrankt war und im Monatsdurchschnitt 20 Überstunden geleistet hat, erhält eine Gratifikation.«

Dies sollen 50 Mitarbeiter sein, die jeweils 10.000,-- Euro erhalten. Die Betriebsrätin H. liest den Aushang und ist empört. In der Betriebsratssitzung schlägt sie vor, an den Arbeitgeber heranzutreten und ihn aufzufordern, die Regelung der Gratifikation zu verändern und in einer Betriebsvereinbarung festzuschreiben. Der Betriebsrat M. meint, es hätte keinen Zweck. Wenn man jetzt dem Arbeitgeber auf die Füße trete, dann würde er gar nichts zahlen.

Ausgangsfrage

Betriebsrätin H. ist aber der Ansicht, dass der Arbeitgeber über die Verteilung der Gratifikation mit dem Betriebsrat verhandeln muss. Wer hat Recht? Welche Möglichkeiten hat der Betriebsrat und wie kann er über die Verteilung mitbestimmen?

Erzwingbare Betriebsvereinbarung

An diesem Beispiel soll deutlich werden, dass zwischen erzwingbaren und freiwilligen Betriebsvereinbarungen zu unterscheiden ist. Von einer erzwingbaren Betriebsvereinbarung wird immer dann gesprochen, wenn Regelungen vereinbart werden, bei denen der Betriebsrat ein Mitbestimmungsrecht hat und wo im Streitfall die Einigungsstelle angerufen werden kann. Dies ist in unserem Beispiel bezüglich der Verteilung von freiwilligen Zulagen oder Prämien der Fall. Der Betriebsrat kann gemäß § 87 Abs. 1 Nr. 10 BetrVG verlangen, dass er zur Frage der konkreten Verteilung an die Beschäftigten gefragt wird (BAG vom 30.3.1982, AiB 1982, 143).

Freiwillige Betriebsvereinbarung

Kein Mitbestimmungsrecht besteht bezüglich der Frage, ob der Arbeitgeber überhaupt freiwillige Leistungen erbringen will, welche finanziellen Mittel er zur Verfügung stellt, welchen Zweck er mit der Leistung verfolgt und der abstrakten Abgrenzung der begünstigten Personenkreise (beispielsweise Produktion zu Verwaltung – ständige Rechtsprechung BAG vom 3.12.1991, DB 1992, 1579). Der Betriebsrat hätte also keine Möglichkeit zu erzwingen, dass statt 500.000,-- Euro eine Million gezahlt werden. Diese Frage wäre nur einer freiwilligen Betriebsvereinbarung zugänglich.

I. Freiwillige und erzwingbare Betriebsvereinbarungen

Diese beiden Vereinbarungsformen unterscheiden sich grundsätzlich in zweierlei Art und Weise:

Unterschiede

Die erzwingbare Betriebsvereinbarung kann auch gegen den Willen des Arbeitgebers vom Betriebsrat durchgesetzt werden. Der Betriebsrat wird initiativ und da es sich um einen Gegenstand der Mitbestimmung handelt, würde für den Fall der Weigerung des Arbeitgebers die Einigungsstelle abschließend entscheiden.

Volle Mitbestimmung

Bei der freiwilligen Betriebsvereinbarung muss der Betriebsrat den Arbeitgeber überzeugen. Möglicherweise hat er auch politische Druckmittel, jedoch rechtlich kann er die Betriebsvereinbarung gegen den Willen des Arbeitgebers nicht durchsetzen.

Keine Einigungsstelle

Der andere Unterschied wird zum Ende der Betriebsvereinbarung sichtbar. Die erzwingbare Betriebsvereinbarung wirkt im Fall der Aufkündigung nach (§ 77 Abs. 6 BetrVG). Die Regelungen gelten also weiter, bis sie durch andere Regelungen ersetzt wurden.

Nachwirkung

Die freiwillige Betriebsvereinbarung endet nach Ablauf der Kündigungsfrist ersatzlos, wenn nichts anderes vereinbart ist (Nachwirkung möglich nach BAG vom 28.4.1998 in AP Nr. 11 zu § 77 BetrVG Nachwirkung).

Betriebs-vereinbarung	*Freiwillige –*	*Erzwingbare –*
Durchsetzung	Nicht erzwingbar, nur wenn AG auch will	Im Streitfall mit Hilfe der Einigungsstelle
Form	Schriftlich, mit Unterschrift versehene Urkunde	Schriftlich, mit Unterschrift versehene Urkunde
Nachwirkung	Keine Nachwirkung, kann aber vereinbart werden	Nachwirkung bis neue BV abgeschlossen wird

II. Formale Anforderungen an eine Betriebsvereinbarung

Alle nachfolgend beschriebenen sonstigen Anforderungen und Wirkungsweisen von Betriebsvereinbarungen gelten sowohl für freiwillige als auch für erzwingbare Betriebsvereinbarungen.

Schriftform

Betriebsvereinbarungen müssen schriftlich niedergelegt werden (§ 77 Abs. 2 BetrVG). Schriftliche Niederlegung bedeutet, dass unter der Betriebsvereinbarung (Urkunde) die Unterschriften des Unternehmers und des oder der Vorsitzenden des Betriebsrats stehen. Nötig sind also beide Unterschriften. Der Austausch der jeweils nur von einer Seite unterschriebenen Vereinbarung reicht nicht.

Betriebsratsbeschluss

Bevor der oder die Vorsitzende des Betriebsrats eine solche Vereinbarung unterschreiben darf, braucht er/sie einen entsprechenden Beschluss des Betriebsratsgremiums. Die Betriebsvereinbarung ist die in Schriftform gegossene Willensbildung des Betriebsrats für beteiligungsrelevante Tatbestände, diese kann nur durch den Betriebsrat insgesamt abgegeben werden. Der Abschluss von Betriebsvereinbarungen ist durch die Geschäftsführungsbefugnis der Vorsitzenden nicht gedeckt.

Bekanntgabe

Die Betriebsvereinbarung vom Unternehmen muss zur Einsicht im Betrieb ausgelegt werden (§ 77 Abs. 2 BetrVG). Wenn dies nicht geschieht, ist dadurch die Betriebsvereinbarung nicht unwirksam, das Unternehmen könnte sich aber schadenersatzpflichtig machen.

III. Zulässigkeit von Betriebsvereinbarungen

Grundsätzlich gibt es keine Bereiche, in denen Betriebsvereinbarungen nicht zulässig wären. Soweit nicht durch Gesetz oder Tarifvertrag bereits Regelungen bestehen, kann über alle betrieblichen Angelegenheiten auch eine Betriebsvereinbarung abgeschlossen werden. Das Unternehmen kann nur nicht dazu gezwungen werden, wie wir oben gesehen haben (freiwillige und erzwingbare Betriebsvereinbarung).

1. Vorrang von Tarifverträgen

In § 77 Abs. 3 BetrVG heißt es,

»Arbeitsentgelte und sonstige Arbeitsbedingungen die durch Tarifvertrag
geregelt sind
oder
üblicherweise geregelt werden,

können nicht Gegenstand einer Betriebsvereinbarung sein«.

Tarifvorbehalt

Mit dieser gesetzlichen Regelung wird die Tarifautonomie vor einer Aushöhlung und Bedeutungsminderung durch den Abschluss entgegenstehender Betriebsvereinbarungen geschützt (BAG vom 1.12.1992, EZA, § 77 BetrVG, 1972, Nr. 50). Dies bedeutet, dass in diesen Bereichen weder schlechtere noch günstigere (!) Betriebsvereinbarungen abgeschlossen werden können. Betriebsvereinbarungen, die gegen dieses Verbot verstoßen, sind nichtig. Das Günstigkeitsprinzip gilt in diesem Falle nicht.

Öffnungsklauseln

Sollte jedoch der Tarifvertrag eine Regelung ausdrücklich zulassen, so gilt die Sperrwirkung nicht (§ 77 Abs. 3 Satz 2 BetrVG). Eine Möglichkeit Regelungen zuzulassen besteht durch Vereinbarung so genannter Öffnungsklauseln, die sich in vielen Tarifverträgen wiederfinden. Auch wenn die Tarifvertragsparteien ausdrücklich sagen, dass sie diesen Bereich nicht regeln, besteht die Möglichkeit eine Betriebsvereinbarung abzuschließen. Geregelt werden dürfen auch die Bereiche, die im Tarifvertrag nicht abschließend geregelt wurden, wo also Betriebsvereinbarungen tarifvertragliche Regelungen ergänzen.

2. Eingeschränkter Tarifvorbehalt

Nur bei Tarifbindung

Im Bereich der sozialen Mitbestimmung die in § 87 BetrVG geregelt ist, wurde eine einschränkende Regelung getroffen. Dort heißt es ausdrücklich, dass eine Betriebsvereinbarung für diesen Bereich zulässig ist, es sei denn, dass eine entsprechende Regelung durch Gesetz oder Tarifvertrag tatsächlich besteht (§ 87 Abs. 1 Satz 1 BetrVG). Es muss also für diesen Betrieb eine Regelung wirksam sein. Es reicht nicht aus, dass etwas »üblichlicherweise« im Tarifvertrag geregelt ist. Ein Regelungsverbot setzt auch voraus, dass die Betriebsparteien tarifgebunden sind, da sonst für diesen Betrieb eben gerade keine Regelung »besteht«.

Die Sperrwirkung durch Tarifvertrag entfällt gänzlich, wenn ein Sozialplan abgeschlossen wird (§ 112 Abs. 1 Satz 4 BetrVG). Der Sozialplan geht den tarifvertraglichen Regelungen vor und setzt sich gegebenenfalls über sie hinweg.

3. Grenzen des Tarifvorbehalts

Übertarifliche Zulagen

Die Unterscheidung und Grenzen zwischen zulässigen Betriebsvereinbarungen und solchen, die durch den Tarifvorbehalt unzulässig werden, wird in der Entscheidung des BAG vom 9.12.1997 (in AP Nr. 11 zu § 77 BetrVG Tarifvorbehalt) deutlich. Das Gericht untersagt darin Betriebsvereinbarungen, die übertarifliche Zulagen einführen, ohne dass diese an eine besondere Voraussetzung gebunden sind. Denn darin wird eine bloße Aufstockung der Tariflöhne durch Betriebsvereinbarung gesehen, was wegen der Geltung des Tarifvertrags ausgeschlossen ist. Die Einführung übertariflicher Zulagen auf betrieblicher Ebene kommt nur in Betracht, wenn diese einen bestimmten Grund haben (Erschwerniszulage, Verantwortungszulage o.ä.).

Nicht von dem Tarifvorbehalt erfasst, ist hingegen eine Betriebsvereinbarung, die die Anrechnung von Tariferhöhungen auf übertarifliche Zulagen ausschließt. Diese Regelung beschränkt nämlich nicht tarifvertragliche Ansprüche, sondern setzt gerade das Bestehen einzelvertraglicher Ansprüche voraus. Die Beschäftigten haben in ihren Arbeitsverträgen außertarifliche Zulagen vereinbart. Die Behandlung dieser Zulagen wird durch die Betriebsvereinbarung geregelt und ist zulässig.

IV. Wirkungsweise von Betriebsvereinbarungen

Wirkt wie Gesetz oder Tarifvertrag

Betriebsvereinbarungen wirken ähnlich wie Tarifverträge. Die Vereinbarungsinhalte gelten unmittelbar und zwingend für und gegen die Betriebsangehörigen (§ 77 Abs. 4 BetrVG). Alle Betriebsangehörigen müssen also die Betriebsvereinbarung beachten und Ansprüche aus diesen Vereinbarungen sind für jeden Einzelnen durchsetzbar. Der Betriebsrat könnte die Einhaltung der Betriebsvereinbarung im Beschlussverfahren beim Arbeitsgericht durchsetzen. Die einzelnen Beschäftigten, denen möglicherweise durch Betriebsvereinbarung eine zusätzliche Leistung gewährt wird, können diese Leistung im Verweigerungsfalle ebenfalls beim Arbeitsgericht einklagen.

1. Günstigkeitsprinzip

Bessere Regelung gilt

Gegenüber den einzelvertraglichen Vereinbarungen oder auch gegenüber Gesamtzusagen (vertragliche Vereinbarung mit der gesamten Belegschaft) gilt das sogenannte Günstigkeitsprinzip (BAG vom 16.9.1986, EZA, § 77 BetrVG 1972, Nr. 17). Das bedeutet, dass jeder schauen kann, welche von mehreren Regelungen für sie/ihn günstiger ist, die Regelung in der Betriebsvereinbarung oder eine vergleichbare Regelung im Arbeitsvertrag oder eine geltende Gesamtzusage. Im Fall einer gerichtlichen Nachprüfung würde das Gericht einen objektiven Maßstab ansetzen und die Regelungen in einen Zusammenhang stellen. In der Praxis kann die/der Beschäftigte sich grundsätzlich auf die für sie/ihn günstigste Regelung berufen.

2. Kein einseitiger Verzicht

Verzicht nur mit Zustimmung

In § 77 Abs. 4 BetrVG ist bestimmt, dass ein Verzicht auf Rechte aus einer Betriebsvereinbarung durch den Arbeitnehmer der Zustimmung des Betriebsrats bedarf. Es wird damit verhindert, dass der Arbeitgeber Druck auf die Beschäftigten ausüben kann, damit diese »freiwillig« auf ihre Betriebsvereinbarungsansprüche verzichten.

Allerdings kann die Zustimmung des Betriebsrats auch nachträglich erfolgen. Bevor der Betriebsrat sich zu einer solchen Frage einlässt, sollte er in jedem Fall mit den betroffenen Beschäftigten sprechen.

3. Nachwirkung von Betriebsvereinbarungen

Kein ersatzloses Streichen

Betriebsvereinbarungen, die sich im Bereich der erzwingbaren Mitbestimmung bewegen, gelten nach ihrer Kündigung weiter, bis eine neue Vereinbarung abgeschlossen wurde (§ 77 Abs. 6 BetrVG). Dieser Bereich umfasst die Mitbestimmungsfälle, bei denen im Streitfall am Ende eine Einigungsstelle abschließend entscheiden würde (z.B. § 87 BetrVG). Diese Regelung verhindert, dass nach der Kündigung eine Zeit ohne Geltung einer Vereinbarung entstehen kann und ist den entsprechenden Regelungen von Tarifverträgen nachgebildet.

Derartige Nachwirkungsregelungen könnten ausgeschlossen werden, da sie nicht als unverzichtbar gelten. Diese Schutzregelung auszuschließen macht allerdings keinen großen Sinn. Es soll ja gerade verhindert werden, dass eine Verzögerungstaktik des Arbeitgebers Erfolg haben könnte.

Ggf. Nachwirkung vereinbaren

Bei freiwilligen Betriebsvereinbarungen gilt die Nachwirkungsregelung nicht. Dies ist gerade ein wesentlicher Unterschied zur erzwingbaren Vereinbarung. Die Betriebsvereinbarung soll nur so lange gelten, wie beide Betriebsparteien dies wollen. Es ist kein einseitiges Festhalten an einer Regelung möglich. Allerdings kann die Nachwirkung in der Betriebsvereinbarung zwischen den Parteien wirksam vereinbart werden (BAG vom 21.08.2001, NZA 2002, S. 575).

4. Beendigung der Nachwirkung

Einigungsstelle kann Nachwirkung aufheben

Probleme entstehen dann, wenn sich Betriebsrat und Arbeitgeber nicht über eine neue Betriebsvereinbarung einigen können. Die Lösung für die erzwingbaren Betriebsvereinbarungen ist einfach, da es sich um Regelungen im Bereich der erzwingbaren Mitbestimmung handelt und dementsprechend die Einigungsstelle angerufen werden kann und dann diese abschließend entscheidet.

BAG 28.4.1998

Bei freiwilligen Betriebsvereinbarungen hat das BAG eine auf das Gleiche hinauslaufende Entscheidung getroffen (BAG vom 28.4.1998 in AP Nr. 11 zu § 77 BetrVG Nachwirkung). Auch dort soll dann die Einigungsstelle abschließend entscheiden können. Das BAG unterstellt, dass mit der Vereinbarung der Nachwirkung in einer Betriebsvereinbarung auch die für diese Nachwirkungsregelung übliche Lösungsmöglichkeit durch den Spruch der Einigungsstelle übernommen wurde.

V. Verschlechternde Betriebsvereinbarung

Schlechtere BV möglich

Eine Betriebsvereinbarung kann durch eine Andere – auch Schlechtere – ersetzt werden. Durch eine solche Vereinbarung, die ungünstigere Regelungen für die Beschäftigten trifft, können jedoch grundsätzlich nicht Einzel- oder Gesamtzusagen verschlechtert werden. Es gilt das so genannte Günstigkeitsprinzip, wonach durch Betriebsvereinbarung der Abbau von einzelvertraglichen Ansprüchen der Beschäftigten grundsätzlich nicht möglich ist. Ein Eingriff wäre nur möglich, wenn ein kollektiver Günstigkeitsvergleich insgesamt keine Schlechterstellung aller betroffenen Beschäftigten ergeben würde. Die Schlechterstellung Einzelner oder von Gruppen wäre unter diesen Bedingun-

Aber Schutz der Individualrechte

gen möglich (BAG 16.9.1986 in AP Nr. 17 zu § 77 BetrVG 1972). Dies gilt aber nur für Sozialleistungen aufgrund einer Gesamtzusage, betrieblicher Übung oder einer betrieblichen Einheitsregelung und nicht für einzelvertraglich geregelte Eckwerte des Arbeitsvertrages (Arbeitsentgelt etc.), in die kann durch Betriebsvereinbarung nicht eingegriffen werden.

VI. Durchsetzung von Betriebsvereinbarungen

Rechtsweg ist möglich

Es kann Streit darüber entstehen, ob eine Betriebsvereinbarung überhaupt noch besteht oder nicht mehr besteht, ob Inhalte zulässig sind oder unzulässig, ob eine Betriebsvereinbarung Nachwirkung entfaltet oder wie sie inhaltlich auszulegen sei. Diese Streitigkeiten können im Wege des Beschlussverfahrens durch den Betriebsrat vor den Arbeitsgerichten ausgefochten werden.

Eine Besonderheit gilt noch für Betriebsvereinbarungen, die durch die Einigungsstelle abgeschlossen wurden. Dieser Einigungsstellenspruch in Form einer Betriebsvereinbarung ist nur innerhalb von zwei Wochen durch das Unternehmen oder den Betriebsrat vor den Arbeitsgerichten angreifbar. Nur innerhalb dieser Zeit können die Betriebsparteien geltend machen, dass die Einigungsstelle ihr Ermessen überschritten hätte (§ 76 Abs. 5 BetrVG).

Klagerecht

Auch die Beschäftigten, denen durch Betriebsvereinbarung Leistungen zugesagt werden, können diese vor den Arbeitsgerichten auf der Grundlage der Betriebsvereinbarung einklagen.

Beispiele: Zulässige/unzulässige Betriebsvereinbarungen

z.B.

Erzwingbare Betriebsvereinbarungen	*Freiwillige Betriebsvereinbarungen*	*Unzulässige Betriebsvereinbarungen*
In allen Bereichen, in denen die Einigungsstelle Entscheidungsbefugnis hat, können auch Betriebsvereinbarungen abgeschlossen werden, soweit nicht tarifvertragliche oder gesetzliche Regelungen vorgehen sind. • §§ 85, 86 BetrVG (Beschwerdeverfahren) • § 87 BetrVG (Soziale Angelegenheiten) • § 94 BetrVG (Personalfragebogen) • § 98 BetrVG (Auswahl für betriebl. Bildungsm.) • §§ 106, 109 BetrVG (Wirtschaftsausschuss) • § 112 BetrVG (Sozialplan)	• § 80 BetrVG als Anspruchsgrundlage und § 88 BetrVG als Grundnorm	• § 77 Abs. 3 BetrVG – Tarifvorbehalt – Gesetzesvorbehalt
	• In Betrieben mit nicht mehr als 20 Beschäftigten kann kein Sozialplan erzwungen werden. Gleichwohl ist er als freiwillige Betriebsvereinbarung zulässig.[a]	• Bestimmungen zu Lasten der Beschäftigten, dass sie 50 % der Kosten ihrer Arbeitskleidung selbst tragen müssen.[b]
	• Zum Verbot der Anrechenbarkeit von außertariflichen Zulagen[c]	• Betriebsvereinbarung über die Verpflichtung zur Teilnahme an Betriebsfeiern und Betriebsausflügen
	• Verhütung von Unfällen und Gesundheitsschäden (§ 88 Nr. 1 BetrVG)	• Betriebsvereinbarung, die bereits entstandene, fällige Ansprüche und Anwartschaften von Beschäftigten rückwirkend beseitigen will.[d]
	• Errichtung von Sozialeinrichtungen (§ 88 Nr. 2 BetrVG)	• Betriebsvereinbarung, die betriebliche Rentenansprüche bereits ausgeschiedener Arbeitnehmer kürzen will.[e]
	• Förderung der Vermögensbildung (§ 88 Nr. 3 BetrVG)	• Ein Sozialplan, der die Auszahlung der Abfindung davon abhängig macht, dass keine Kündigungsschutzklage erhoben worden sei.[f]
	• Zahlung einer Weihnachtsgratifikation (Tarifvertraglich nicht geregelt)[g]	

	• Gratifikationen[h], Tantiemen[i]	
	• Betrieblich begründete außertarifliche Zulagen[j]	

a. BAG vom 26.8.1997, 1 ABR 12/97 – AP Nr. 117 § 112 BetrVG 1972
b. BAG vom 1.12.1992, AiB 1993, 62
c. BAG vom 9.12.1997, AP Nr. 11 zu § 77 BetrVG Tarifvorbehalt
d. BAG vom 4.12.1970, AP Nr. 5 zu § 7 BUrlG
e. BAG vom 25.10.1988, AP Nr. 1 zu § 1 BetrAVG Betriebsvereinbarung
f. BAG vom 20.6.1985, EZA, § 4 KSchG, Ausgleichsquittung Nr. 1
g. BAG vom 17.1.1995, AP Nr. 179 zu § 611 BGB Gratifikation
h. BAG vom 16.11.1967, AP Nr. 63 zu § 611 BGB Gratifikation
i. BAG vom 20.1.1998, AP Nr. 73 zu § 77 BetrVG
j. BAG 23.10.1985, AP Nr. 33 zu § 1 TVG Tarifverträge: Metallindustrie (für Wechselschichtzulagen)

I. Wie ist der Betriebsrat zu erreichen (Sprechstunden)?

Wann und wo

Sie können jederzeit »Ihr« Betriebsratsmitglied anrufen oder aufsuchen. Auch der Betriebsrat kann zu Ihnen kommen (§ 80 BetrVG allgemeines Initiativrecht). Sowohl Sie als Beschäftigte/r als auch der Betriebsrat brauchen den Vorgesetzten die Gesprächsinhalte nicht mitzuteilen. Lediglich die Abmeldung vom Arbeitsplatz ist erforderlich.

§§

Sprechstunden

Der Betriebsrat hat die Möglichkeit, während der Arbeitszeit Sprechstunden einzurichten (§ 39 BetrVG). Ob er dies macht, entscheidet er allein. Ort und Zeitpunkt hat er dann mit dem Unternehmen abzustimmen. Räume und Geschäftsbedarf hat das Unternehmen zu stellen.

Tipp

Teilnahmerecht

Sowohl die Betriebsräte, die Sprechstunden abhalten, als auch die Beschäftigten, die Sprechstunden aufsuchen, sind für diese Zeit von ihrer Tätigkeit unter Fortzahlung der Bezüge freigestellt (§ 39 Abs. 3 BetrVG). Die JAV kann eigene Sprechstunden durchführen oder an den Sprechstunden des Betriebsrats zur Beratung der von ihr vertretenen Beschäftigten teilnehmen.

J. Woher haben die Betriebsräte ihr Wissen (Schulungen)?

Wissen erwerben

Fachwissen ist erforderlich, um die Tätigkeit als Betriebsrat formell richtig ausüben zu können, Fragen der Beteiligung zu verstehen und adäquat auf die Anträge des Unternehmens reagieren zu können. Dazu kann der Betriebsrat entsprechende Schulungen besuchen (§ 37 Abs. 6 und Abs. 7 BetrVG). Ziel ist dabei, dass der Betriebsrat dem Unternehmen als gleichwertiger Gesprächspartner gegenüber treten kann.

Preiswert aber gut

Der Betriebsrat entscheidet auch, welche Schulungsmöglichkeit er für seine Mitglieder in Anspruch nimmt. Er hat dabei auf eine möglichst kostengünstige und wirksame Schulungsmöglichkeit zu achten. Wegen der umfassenden Unterstützungsfunktion der Gewerkschaften kommt den gewerkschaftlichen Veranstaltungen dabei eine herausragende Bedeutung zu, sodass die gewerkschaftlich organisierten Schulungen vorrangig in Betracht kommen (BVerwG vom 27.04.1979, PersV 1981, 242).

Ob die Schulungen von Gewerkschaften durchgeführt werden oder von nicht gewerkschaftsgebundenen Instituten, ist somit kein Grund eine Teilnahme zu versagen. Der Betriebsrat ist allerdings gehalten, vergleichbare Angebote nach dem Prinzip der sparsamen Mittelverwendung auszuwählen. Ein Aspekt ist dabei allerdings auch immer die sachgerechte und interessengeleitete Ausbildung.

Betriebsrat entsendet

Der Betriebsrat entsendet durch Beschluss ein oder mehrere Betriebsratsmitglieder. Dieser Entsendebeschluss beinhaltet die Pflicht für das entsandte Betriebsratsmitglied an der Veranstaltung teilzunehmen. Gegenüber dem Unternehmen ist die Teilnahme nur rechtzeitig bekannt zu geben. Die Schulungen für die Betriebsräte sind von dem Unternehmen zu finanzieren. Hält das Unternehmen die betrieblichen Notwendigkeiten bei dem Entsendebeschluss für nicht richtig beachtet, kann es die Einigungsstelle zur Klärung anrufen (§ 37 Abs. 6 BetrVG).

Tipp

Einvernehmen

Ob die Schulung erforderlich im Sinne des § 36 Abs. 6 BetrVG oder nur geeignet im Sinne des § 37 Abs. 7 BetrVG ist, stellt der Betriebsrat fest. Im ersten Fall werden alle entstehenden Kosten vom Unternehmen getragen, im zweiten Fall erfolgt nur eine Freistellung mit Gehaltsweiterzahlung. Die Kosten der Schulung selbst, Fahrt- und Unterkunftskosten trägt im zweiten Fall das Unternehmen nicht. In der Praxis ist jedoch anzuraten, dass das Einverständnis dem Unternehmen vorab eingeholt wird. Dadurch werden Streitigkeiten vermieden. Sollte keine einvernehmliche Einigung erzielt werden können, kann im Vorfeld im gerichtlichen Beschlussverfahren eine Entscheidung herbeigeführt werden. Wenn die Verzögerung zum Unmöglichwerden der Teilnahme führt und die Kenntnisse dringend benötigt werden, kann auch eine einstweilige Verfügung in Betracht kommen.

Dauer

Der zeitliche Umfang für die erforderlichen Schulungen ist nicht begrenzt. Er ergibt sich lediglich aus der Notwenigkeit und der üblichen Dauer von Schulungen und Spezialschulungen. Der Betriebsrat stellt diese Erforderlichkeit fest. Etwas anderes gilt für Schulungen nach § 37 Abs. 7 BetrVG, diese sind auf drei bzw. vier Wochen begrenzt.

I. Erforderliche Schulungen

Unbedingt nötige Schulungen

Erforderliche Schulungen sind in jedem Fall die Grundschulungen für Betriebsräte über das Betriebsverfassungsrecht und die Grundkenntnisse des Arbeitsrechts. Erforderlich können auch Spezialschulungen für einzelne Betriebsräte für den Bereich Datenschutz, Arbeitsschutz oder anderes sein, je nach den betrieblichen Erfordernissen.

Kosten

Für diese erforderlichen Schulungen werden sowohl die Schulungskosten, der Verdienstausfall als auch die Reise- und Unterkunftskosten erstattet.

II. Geeignete Schulungen

Allgemeine Themen

Geeignete Schulungen nach § 37 Abs. 7 BetrVG sind Schulungen mit gewerkschaftspolitischen, gesellschaftspolitischen, staatsbürgerlichen oder allgemeinen rechtlichen Themen. Diese Schulungen müssen von der obersten Arbeitsbehörde des Landes als geeignet anerkannt worden sein. Dann besteht ein Anspruch auf drei Wochen Schulung in diesem Bereich in der Amtszeit. Sollte es die erste Amtszeit sein, erhöht sich der Anspruch auf vier Wochen.

Kosten, Dauer

Allerdings werden bei geeigneten Schulungen die Schulungskosten, Reise- und Unterkunftskosten nicht erstattet. Es besteht für diese Schulungen nur der Anspruch für drei bzw. vier Wochen während der Amtsperiode als Betriebsrat von der Arbeit unter Fortzahlung der Bezüge freigestellt zu werden (§ 37 Abs. 7 BetrVG).

K. Wer trägt die Kosten der Betriebsratsarbeit?

§ 40 BetrVG
Alle erforderlichen Kosten

Das Unternehmen hat die durch die Tätigkeit des Betriebsrats entstehenden Kosten zu übernehmen (§ 40 BetrVG). Alle Kosten, die objektiv für die Betriebsratsarbeit erforderlich sind, sind zu ersetzen. Dies sind beispielsweise Sachkosten für das Geschäftszimmer und seine Ausstattung wie z. B. Kommentare oder Zeitschriften. Zu den Kosten zählen ferner die Ausfallkosten (Arbeitszeit) für die Betriebsratstätigkeit, die Reisekosten für erforderliche Reisen und der für das ordnungsgemäße Arbeiten erforderliche weiterer Geschäftsbedarf beispielsweise die heute übliche Informations- und Kommunikationstechnik (FAX, PC u.s.w.) und erforderliches Büropersonal (§ 40 Abs. 2 BetrVG).

Anwaltskosten

Soweit der Betriebsrat seine Rechte bei Gericht einklagen muss, hat die Kosten das Unternehmen zu tragen. Im Rahmen dieser Beschlussverfahren sind auch die Kosten eines Rechtsanwalts zu erstatten, wenn die Verfahren nicht völlig aussichtslos oder mutwillig waren, was der Anwalt sicher vorher prüfen wird.

Andere Sachverständige

Die Kosten für Sachverständige sind dann zu erstatten, wenn die Hinzuziehung erforderlich ist. Dies ist dann der Fall, wenn die erforderlichen Informationen durch das Unternehmen nicht erteilt werden können, die Teilnahme an Schulungsmaßen oder andere Formen der Selbstunterrichtung nicht genügen und auch die Gewerkschaften keine ausreichende Aufklärung bieten können. Auch bei Vorliegen einer Betriebsänderung im Sinne des § 111 BetrVG kann eine sachverständige Person hinzugezogen werden, wenn das Untenehmen mehr als 300 Beschäftigte hat (§ 111 Abs. 1 S. 2 BetrVG).

Sachmittel

Zum Informationsaustausch gehören die Telefone und die Übernahme der Telefonkosten durch das Unternehmen. Dazu gehören jetzt auch Faxgeräte und PC's mit der entsprechenden Softwareausstattung. Dazu gehört es auch über das Telefon als Betriebsrat direkt erreichbar zu sein (BAG vom 27.11.2002 in AP Nr. 76 zu § 40 BetrVG) und im Internet recherchieren zu können – wenn im Unternehmen Internet genutzt wird – (BAG vom 03.09.2003 in AP Nr. 79 zu § 40 BetrVG) sowie sich selbst im Intranet darstellen zu dürfen (BAG vom 03.09.2003 – 7 ABR 12/03 in AP Nr. 78 zu § 40 BetrVG). Den modernen Kommunikationsbedürfnissen hat der Gesetzgeber mit der Neufassung des Betriebsverfassungsgesetzes 2001 Rechnung getragen und Informations- und Kommunikationstechnik ausdrücklich als zu erstattende Sachmittel aufgeführt (§ 40 Abs. 2 BetrVG).

Reisekosten

In diese Rubrik gehören auch die Reisekosten, die dem Betriebsrat dadurch entstehen, dass er z. B. Beschäftigte an auswärts liegenden Arbeitsplätzen besucht oder an Gerichtsverhandlungen teilnimmt.

Betriebsrätekonferenz nicht

Als nicht erstattungsfähig angesehen wurden leider die Kosten für die Teilnahme an gewerkschaftlich veranstalteten unternehmensübergreifenden Betriebsrätekonferenzen oder Arbeitstagungen für Betriebsräte. Hier ist der Betriebsrat darauf angewiesen, vorher mit dem Unternehmen eine Einigung über die Kostenübernahme herbeizuführen.

Schreiben an den Arbeitgeber wegen der Beschaffung sachlicher Mittel für die Betriebsratsarbeit

Anforderung von Geschäftsbedarf

Betriebsrat der Firma

Geschäftsleitung im Hause

(Ort / Datum)

Bestellung sachlicher Mittel für die Betriebsratsarbeit

Sehr geehrte Damen und Herren,

der Betriebsrat hat in seiner Sitzung am (Datum) beschlossen, dass folgende Fachbücher

1. Anzahl, Bezeichnung, Verfasser, Titel, Verlag

2. Anzahl, Bezeichnung, Verfasser, Titel, Verlag

3. Anzahl, Bezeichnung, Verfasser, Titel, Verlag

für die Betriebsratsarbeit erforderlich und deshalb von Ihnen nach § 40 Abs. 2 BetrVG zur Verfügung zu stellen sind. Ferner ist es erforderlich, dass der Betriebsrat über die Rechtsprechung und Entwicklung im Bereich des Arbeitsrechts laufend informiert wird. Er hat daher ebenfalls beschlossen, dass er die

Fachzeitschrift »Arbeitsrecht im Betrieb« und die
Fachzeitschrift »Computer Fachwissen«,
beide im AiB-Verlag

angeschafft werden soll. Wir bitten Sie ein entsprechendes Abonnement zu veranlassen.

Der Betriebsrat bittet um Ihre Bestätigung bis spätestens (Datum).

Sollten Sie gegen eine oder mehrere Positionen Bedenken haben, dann teilen Sie uns dies bitte mit, damit die Erforderlichkeit näher erläutert werden kann.

Mit freundlichen Grüßen

(Unterschrift)
Betriebsratvorsitzende/r

L. Wann kommen die Beschäftigten zu Wort (Betriebsversammlung)?

Kommunikationsmittel

Betriebsversammlungen müssen keine langweiligen Pflichtveranstaltungen sein, sondern sind ein Kommunikationsmittel zwischen dem Betriebsrat und den Beschäftigten. Der Betriebsrat hat dort die Möglichkeit über seine Arbeit zu berichten, somit sich selbst darzustellen und informiert über die aktuellen Probleme in dem Unternehmen. Die Beschäftigten können nachfragen, ergänzen, anderes berichten und eigene Probleme vorbringen. Die Unternehmensleitung berichtet und kann befragt werden. Die Gewerkschaftsvertreter beziehen Position.

Vorbereitung

Zu einer erfolgreichen Betriebsversammlung gehört, dass es dem Betriebsrat gelingt, den Beschäftigten die aktuellen betrieblichen Probleme nahe zu bringen. Zum anderen gilt es, das Interesse der Beschäftigten wach zu halten und nicht in einem formalen Ablauf zu ersticken. Durch kreative inhaltliche Gestaltung werden die Informationen so aufgearbeitet, dass die Beschäftigten nicht nur passiv, sondern aktiv beteiligt werden. Der Betriebsrat sollte Schwerpunkte setzen und durch möglichst unterschiedliche Vortragsweisen (Einzelvortrag, Gruppenvortrag, Rollenspiel, Befragungssituation, Interview etc.), die Aufmerksamkeit zu erhalten versuchen.

Tipp

Vortragen und zuhören

Kommunikation bedeutet auch, dass die Betriebsversammlung ein Forum zum Erlangen von Informationen für den Betriebsrat sein kann. Um von den Beschäftigten Informationen zu erhalten genügt es nicht, diese aufzufordern, ihre Meinung nun öffentlich kund zu tun. Wer kann schon in Anwesenheit der Unternehmensleitung oder ihrer Vertreter seine Meinung frei äußern? Es gilt, nicht die Beschäftigten vorzuschieben, sondern vorhandene Informationen zu nutzen. Hierzu bieten sich Fragebogenaktionen, die Diskussion in kleinen Gruppen oder anderen Formen der nicht öffentlichen Befragung an.

I. Formalien

§ 42 ff. BetrVG

Die formalen Vorschriften müssen natürlich eingehalten werden. Die Betriebsversammlung führt der Betriebsrat durch (§§ 42 ff. BetrVG), dabei ist er nicht auf lediglich vier Versammlungen im Jahr beschränkt (§ 43 Abs. 1 BetrVG), sondern kann bei aktuellem Anlass auch weitere einberufen (§ 43 Abs. 3 BetrVG), diese müssen dann allerdings ggf. außerhalb der Arbeitszeit stattfinden (§ 43 Abs. 2 BetrVG). Er lädt zu den Versammlungen ein und übt das Hausrecht aus. Der Vorsitzende des Betriebsrats leitet die Betriebsversammlung. Einen Überblick der einschlägigen gesetzlichen Regelungen gewährt die nachfolgende Abbildung.

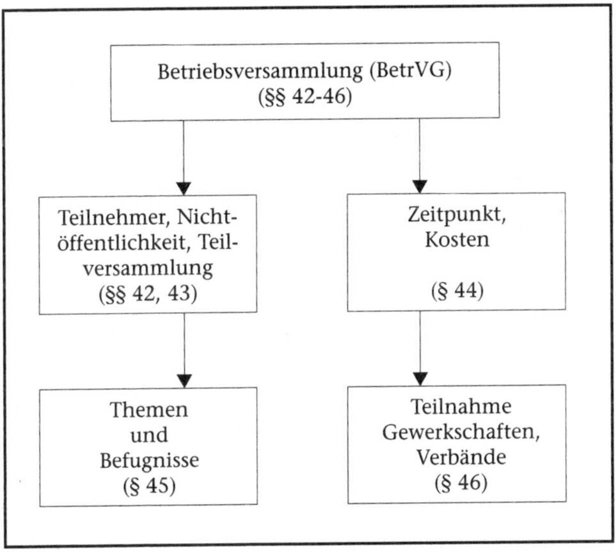

Teilnahmerecht

Als Beschäftigte können Sie teilnehmen, müssen es aber nicht. Die Versammlung findet unter Ausschluss der Öffentlichkeit statt. Gewerkschaftsvertreter und Vertreter der Arbeitgeberverbände dürfen teilnehmen. Auch darf der Betriebsrat Referenten zu Sachthemen einladen und über die Versammlung in der Öffentlichkeit berichten.

Ort und Zeit

Die Betriebsversammlungen finden während der Arbeitszeit statt. Wenn genügend große Räume in dem Unternehmen vorhanden sind, findet sie dort statt, sonst in geeigneten Räumlichkeiten in der Nähe. Entstehen Ihnen Wegezeiten, ist dies Arbeitszeit. Die Reisekosten sind gegebenenfalls zu ersetzen. Dies gilt jedoch nicht für außerordentliche Versammlungen (§ 44 Abs. 2 BetrVG), für diese kann das Unternehmen jedoch freiwillig Kostenerstattung einräumen und dem Anberaumen in der Arbeitszeit zustimmen. Das muss mit ihm vorher geklärt werden.

Tipp

Zeitrahmen

Der Betriebsrat sollte die Betriebsversammlung vom Zeitrahmen her richtig dimensionieren und dabei nicht in die Länge ziehen. Auch sollte sie nicht zu kurz vor dem üblichen Arbeitsende angesetzt werden, da zu erwarten ist, dass mit Erreichen des Endes des Arbeitstages die Unruhe groß wird und die Kolleginnen und Kollegen immer mehr das Interessen an den Inhalten verlieren. Das Unternehmen hat gewisse Beeinträchtigungen der Arbeitsabläufe für die Durchführung von Betriebsversammlungen hinzunehmen. Das kann auch die vorübergehende Schließung von Betrieben mit Publikumsverkehr bedeuten.

II. Aufgaben und Befugnisse

Rechte der Beschäftigten

Die Betriebsversammlung kann dem Betriebsrat Anträge unterbreiten und zu seinen Beschlüssen Stellung nehmen (§ 45 BetrVG). Sie ist nicht zu verwechseln mit einer Mitgliederversammlung in einem Verein. Sie hat gegenüber dem Betriebsrat kein Weisungsrecht. Aber der Betriebsrat könnte beispielsweise die Legitimation erhalten, in einer bestimmten Art und Weise vorzugehen oder in bestimmten Bereichen initiativ zu werden.

Berichte

Der Betriebsrat hat einen Tätigkeitsbericht abzuliefern. Über diesen Bericht kann die Betriebsversammlung diskutieren. Sie darf darüber hinaus alle Angelegenheiten behandeln, die entweder das Unternehmen oder die Beschäftigten betreffen. Dazu gehören

- tarifpolitische Fragen,
- sozialpolitische Themen,
- Angelegenheiten wirtschaftspolitischer Art,
- Fragen der Förderung der Gleichstellung von Frauen und Männern,
- zur Vereinbarkeit von Familie und Erwerbstätigkeit und
- Aspekte der Integration der im Betrieb beschäftigten ausländischen Arbeitnehmer (§ 45 BetrVG).

Der Betriebsrat hat in diesem Zusammenhang die Möglichkeit, durch entsprechende Gestaltung des Rahmens der Versammlung schon auf die Inhalte hinzuweisen. Es wäre z.B. denkbar, dass Stellwände mit Bildtafeln und Texten versehen werden, die eine Problematik bildhaft darstellen. Den Beschäftigten können Papiere (Flugblätter, Unterlagen, Faltzettel etc.) zur Information überreicht werden.

Meinungsfreiheit

Die teilnehmenden Beschäftigten haben das Recht, ihre Meinung frei zu äußern. Sie können vorhandene Missstände anprangern und das Unternehmen und die handelnden Personen kritisieren. Es dürfen vom Betriebsrat dritte Personen zu bestimmten Themen herangezogen werden. Die grundsätzliche Nichtöffentlichkeit der Betriebsversammlung schließt dies nicht aus, sondern bedeutet nur, dass für die Hinzuziehung weiterer Personen ein sachlicher Grund vorhanden sein muss. Die, in dem Unternehmen vertretenen, Gewerkschaften haben ein Rederecht.

Form des Tätigkeitsberichts

Die Verpflichtung des Betriebsrats, einen Tätigkeitsbericht abzugeben, bedeutet nicht, dass dieser unendlich lang sein muss. Der Bericht sollte einerseits der Selbstdarstellung des Betriebsrats dienen und anderseits die wichtigen Probleme in dem Unternehmen ansprechen. Ideal wäre es, wenn sich auf Basis des Berichtes eine Diskussion ergebe und der Betriebsrat das Gespräch mit den Beschäftigten fände.

Aufgaben der Gewerkschaft

Fragen, die der Betriebsrat von sich aus nicht ansprechen möchte, weil er Bedenken hat, zu polemisch zu sein, noch nicht genug zu wissen oder aus Angst vor Repressalien, können von Gewerkschaftsvertretern aufgenommen werden. Diese können in ihrer Darstellung erheblich klarer Position beziehen. Sie können die unterschiedlichen Standpunkte schärfer herausarbeiten. Ihnen ist auch eine polemische und überspitzte Darstellung nicht versagt. Im Gegensatz zu den Betriebsratsmitgliedern haben sie auch keine direkten oder indirekten Nachteile zu erwarten.

III. Inhaltliche Gestaltung

Abwechslungsreich gestalten

Eine Betriebsversammlung ist dann interessant und abwechslungsreich, wenn Sie als Beschäftigte angeregt werden mitzumachen. Dies ist aber nur zu erwarten, wenn Sie Lust bekommen, sich mit einem Thema zu beschäftigen. Dazu müssen die Themen so vermittelt werden, dass sie Ihr Interesse wecken.

Sind verschiedene Wortbeiträge vorgesehen, werden diese abwechslungsreich, wenn sie durch entsprechende technische Hilfsmittel illustriert und dargestellt werden. So bieten sich Wandzeitungen oder Overheadpräsentationen als Unterstützung des Gesagten an. Vielleicht ist es auch möglich, neue technische Möglichkeiten, wie z. B. die Präsentation mittels Computer und Beamer, zu nutzen.

Tipp

Freude vermitteln

Es darf zwar davon ausgegangen werden, dass die Kolleginnen und Kollegen, die an einer Betriebsversammlung teilnehmen, an den Inhalten dessen, was vorgetragen wird, grundsätzlich interessiert sind, jedoch ist die begrenzte menschliche Aufnahmefähigkeit zu bedenken. Daher ist ein Wechsel von informierenden und unterhaltenden Elementen sehr wirkungsvoll. In jedem Unternehmen gibt es

Menschen, die über bestimmte unterhaltende Fertigkeiten verfügen (Zauberer, Kabarettisten, Schauspieler, Sportler etc.). Sie können zur Abwechslung gut einbezogen werden. Wenn der Platz ausreicht, ist eine körperliche Betätigung (gymnastische Übungen, z. B. die von den Krankenkassen angebotene Rückenschule) eine hervorragende Abwechslung. Auch gibt es zu vielen Bereichen Videofilme, die unterhaltend Probleme aufbereiten. Die Landesfilmdienststellen sind gern bereit, diverse kurze Filme auszuleihen.

Wach halten!

Ein weiteres Mittel, um die Aufmerksamkeit zu erhalten oder zu erhöhen, ist das Ersetzen von Vorträgen durch andere Darbietungsformen. Vieles muss über die Sprache vermittelt werden, aber dies setzt nicht immer einen Vortrag voraus. Konfliktlagen zwischen Betriebsrat und Unternehmen bzw. Beschäftigten und Unternehmen werden oftmals sehr schnell und einfach klar, wenn dies in einem Rollenspiel aufbereitet und vorgeführt wird. Einfache Gesten erklären oftmals mehr als langatmige Reden. Durch die Medien sind uns noch andere Formen der Vermittlung bekannt. Dort werden Talkshows, Streitgespräche, Rollenspiel und Spiele überhaupt genutzt. Vielleicht kann sich der Betriebsrat dort einiges abgucken und aufnehmen.

Tipp

Nicht nur reden

Ausgangspunkt dieser Überlegungen war, dass die Betriebsversammlung zur Information beider Seiten (Beschäftigte und Betriebsrat) genutzt werden soll. Um Auskünfte der Beschäftigten zu erhalten, ist eine Variante eine Fragebogenaktion durchzuführen. Wenn diese auf wenige Fragen beschränkt ist, kann zu bestimmten Themen sehr schnell ein Meinungsbild der Beschäftigten ermittelt werden.

Es gilt, die Beschäftigten zu informieren, zu interessieren und zu überzeugen und in brisanten Situationen Rückhalt bei ihnen zu finden. Die Ernsthaftigkeit von Themen bedeutet dabei nicht, dass auch alles bierernst vorgetragen werden muss. Oft wird mit einer gewissen Leichtigkeit mehr erreicht als mit großen Appellen oder gar Drohungen.

M. Wie wird der Betriebsrat gewählt?

4 Jahre Amtszeit

Der Betriebsrat wird alle vier Jahren in der Zeit vom 1.März bis 31. Mai gewählt (§ 13 Abs. 1 BetrVG) und hat somit grundsätzlich eine vierjährige Amtszeit. Die letzten regelmäßigen Betriebsratswahlen fanden im Jahre 2006 statt und damit werden die nächsten im Jahre 2010 stattfinden.

Wahlberechtigung

Den Betriebsrat wählen darf, wer im Betrieb arbeitet und das 18. Lebensjahr vollendet hat (§ 7 BertVG). Auch die so genannten Leiharbeitnehmer dürfen in dem Betrieb wählen, in den sie ausgeliehen wurden, wenn sie länger als drei Monate eingesetzt werden (§ 7 BetrVG 2001).

Wählbarkeit

Gewählt werden kann, wer mindstens sechs Monate im Betrieb arbeitet und wahlberechtigt ist (§ 8 BetrVG). Auch in Heimarbeit Beschäftigte zählen dazu. Zu den Zeiten der Betriebszugehörigkeit zählen alle Beschäftigungszeiten im Konzern. Bei Neugründungen gelten diese Fristen nicht. Voraussetzung ist auch, dass nicht durch strafrechtliche Verurteilung das Recht zur Erlangung eines Amtes aus öffentlichen Wahlen aberkannt wurde.

I. Wahlen außer der Regel

§§

§ 13 BetrVG Ausnahmen

Wenn innerhalb der Wahlperiode

- zum Stichtag 24 Monate nach der Wahl die Beschäftigtenzahl um mindestens 50% und mehr als 50 Beschäftigte gestiegen oder gesunken ist,
- der Betriebsrat auch nach Eintreten der Ersatzmitglieder nicht mehr die gesetzliche Anzahl erreicht,
- der Betriebsrat mehrheitlich seinen Rücktritt beschlossen hat,
- die Wahl mit Erfolg angefochten wurde,
- der Betriebsrat durch eine gerichtliche Entscheidung aufgelöst wurde oder

- im Betrieb bisher kein Betriebsrat besteht (jederzeit Wahlen möglich),

kann neu gewählt werden (§ 13 Abs. 2 BetrVG).

Ausnahmsweise 5 Jahre Amtszeit

Auch bei Neugründung eines Unternehmens kann außerhalb des Regelzeitraums gewählt werden, ebenso wenn ein Unternehmen noch keinen Betriebsrat hat. In diesen Fällen kann sich die Amtszeit um fast ein Jahr verlängern, wenn nämlich bei den nächsten regelmäßigen Wahlen noch nicht ein Jahr seit der letzten Wahl vergangen ist, wird in dem Jahr nicht neu gewählt. Für die JAV gelten die Vorschriften entsprechend (§ 64 BetrVG).

II. Der Wahlvorstand

Durchführung der Wahl

Die Betriebsratswahl wird durch einen Wahlvorstand durchgeführt. Dieser wird durch den Betriebsrat spätestens zehn Wochen vor Ablauf der Amtszeit bestellt, soweit nicht im vereinfachten Verfahren (s. S. 164) gewählt wird. Er besteht aus drei Wahlberechtigten und Ersatzmitgliedern und soll sich aus männlichen und weiblichen Mitgliedern zusammensetzen, wenn diese in dem Unternehmen vertreten sind. In gesetzlich geregelten Ausnahmefällen kann der Wahlvorstand auch durch eine Betriebsversammlung oder durch das Arbeitsgericht auf Antrag von drei Beschäftigten oder einer im Betrieb vertretenen Gewerkschaft bestellt werden (§16 Abs. 2 BetrVG). In Unternehmen kann auch durch den Gesamt- oder den Konzernbetriebsrat auf örtlicher Ebene ein Wahlvorstand eingesetzt werden (§ 16 Abs. 3 BetrVG) Der Wahlvorstand hat die Wahlen unverzüglich einzuleiten und deren Vorbereitung und Durchführung zu organisieren. Die Einzelheiten sind in der Wahlordnung zum BetrVG festgelegt.

III. Vereinfachtes Wahlverfahren

Wahl im Kleinbetrieb

In Kleinbetrieben mit mehr als 5 und weniger als 50 Beschäftigten wird in eine ersten Betriebsversammlung der Wahlvorstand gewählt und in einer zweiten Betriebsversammlung der Betriebsrat. Die zweite Versammlung findet eine Woche nach der Ersten statt (§ 14a BetrVG). Wurde der Wahlvorstand durch ein Gericht oder einen vorhergehenden Betriebsrat, einen Gesamt- oder Konzernbetriebsrat bestellt, findet sogar nur eine Betriebsversammlung zur Wahl des Betriebsrats statt (§ 14a Abs. 2 BetrVG).

Wahlvorschläge können in der Zeit zwischen den Betriebsversammlungen schriftlich eingereicht werden. Sie können auch noch auf der zweiten Betriebsversammlung mündlich gemacht werden. Gewählt wird geheim und unmittelbar (s. S. 166), dies auch schriftlich bei Abwesenheit zum Zeitpunkt der Betriebsversammlung.

50 bis 100 Beschäftigte

In Betrieben zwischen 50 und 100 wahlberechtigten Beschäftigten können der Wahlvorstand und das Unternehmen das vereinfachte Wahlverfahren vereinbaren (§ 14a Abs. 5 BetrVG).

IV. Wahlgrundsätze

§§

Demokratieprinzip

Es sind die allgemeinen Grundsätze einer ordnungsgemäßen demokratischen Wahl zu berücksichtigen. Es wird geheim und unmittelbar gewählt (§ 14 Abs. 1 BetrVG). Die Formalien sind zahlreich und sollen an dieser Stelle nicht unnötig vertieft werden, da sie mehr für den Wahlvorstand interessant sind. Die Wahl wird nach folgenden Grundsätzen durchgeführt.

1. Unmittelbare und geheime Wahl

Unmittelbar

Von einer unmittelbaren Wahl wird gesprochen, weil die künftigen Betriebsratsmitglieder und die Ersatzmitglieder direkt gewählt werden und nicht (wie bei Präsidentschaftswahlen in den USA) über Stimmmänner und -frauen.

Geheim

Der Grundsatz der geheimen Wahl ermöglicht eine freie Stimmabgabe, ohne dass Druck auf die Wählenden ausgeübt werden kann. Es bleibt auch unsichtbar, wen die jeweilige Person gewählt hat und damit wird die Entscheidungsfreiheit gewahrt. Dies bedeutet, dass es Wahlzettel gibt und ein Kennzeichnen meiner favorisierten Personen, ohne Sichtkontakt zu dritten möglich sein muss.

2. Listen- oder Personenwahl

Listenwahl

Immer dann, wenn mehrere Wahlvorschläge eingereicht werden und nicht im vereinfachten Verfahren gewählt wird, findet eine Verhältniswahl (auch Listenwahl genannt) statt (§ 14 Abs. 2 BetrVG). Dabei kann nur zwischen den Listen 1, 2, 3 usw. ausgewählt werden. Die Reihenfolge der Kandidat/inn/en auf der Liste und damit die der späteren Betriebsräte kann der Wähler nicht beeinflussen. Die Reihenfolge der Kandidat/inn/en auf den jeweiligen Listen wird von den Listenführern (oft Gewerkschaftsmitglieder oder Gruppen von Beschäftigten auf sogenannten freien Listen) festgelegt.

Personenwahl

Wird hingegen nur ein Wahlvorschlag eingereicht oder findet die Wahl im vereinfachten Verfahren statt, wird sie als Personenwahl durchgeführt. Der Wähler kann bei der Personenwahl die Personen auf dem Wahlvorschlag direkt auswählen. Er hat dabei so viele Stimmen, wie Mitglieder in den Betriebsrat zu wählen sind. Die Kandidatin und der Kandidat mit den jeweils meisten Stimmen ist – vorbehaltlich der Geschlechterverteilung (s. S. 168) – gewählt.

Kleinbetriebe

In kleinen Betrieben mit bis zu 50 wahlberechtigten Beschäftigten erfolgt immer eine Personenwahl. Für Betriebe bis zu 100 Beschäftigtn ebenfalls, wenn das vereinfachte Wahlverfahren vereinbart wurde.

3. Berücksichtigung der Geschlechter

Gleichberechtigung

Es soll sichergestellt werden, dass die im Betrieb vertretenen Geschlechter auch im Betriebsrat abgebildet werden. Deshalb ist für die Minderheit eine Quote vorgesehen, die ihrem Verhältnis im Betrieb entspricht (§ 15 Abs. 2 BetrVG – was verfassungsrechtlich nicht zu beanstanden ist BAG vom 16.3.2005, Az. 7 ABR 40/04). Voraussetzung ist, dass der Betriebsrat aus mindestens drei Mitgliedern besteht. Der Wahlvorstand hat dies bei der Vorbereitung der Wahl (Wahlvorschläge) und der Feststellung der gewählten Betriebsratsmitglieder zu berücksichtigen. Die Einzelheiten finden sich in der Wahlordnung.

V. Wahlanfechtung oder Nichtigkeit der Wahl

Anfechtbarkeit

Sind die Wahlen nicht ordnungsgemäß durchgeführt worden, sind sie anfechtbar oder gar nichtig, je nach Schwere des Verstoßes. Die Anfechtung hat beim Arbeitsgericht innerhalb von zwei Wochen – vom Tage der Bekanntgabe des Wahlergebnisses an gerechnet – zu erfolgen (§ 19 Abs. 2 BetrVG).

Voraussetzungen

Eine Anfechtung setzt aber voraus, dass

- ein Verstoß gegen wesentliche Wahlvorschriften;
- die Unterlassung einer Berichtigung und
- die Möglichkeit der Änderung des Wahlergebnisses oder dessen Beeinflussung durch den Verstoß vorliegt.

Zur Anfechtung berechtigt sind nur

- mindestens drei wahlberechtigte Beschäftigte;
- eine im Betrieb vertretene Gewerkschaft oder
- der Arbeitgeber.

Nichtigkeit

Von der Wahlanfechtung ist der Sonderfall der Nichtigkeit der Wahl zu unterscheiden. Wenn nämlich »gegen allgemeine Grundsätze ordnungsgemäßer Wahlen in so hohem Maße verstoßen wurde, dass auch der äußere Schein einer Wahl nicht mehr vorliegt« (BAG vom 22.03.2000 in AP Nr. 8 zu § 14 AÜG), ist diese von Anfang an nichtig. Die Nichtigkeit ist nicht an die Frist von zwei Wochen gebunden. Sie kann auch nach Ablauf dieser Frist von Beschäftigten oder sonstigen Beteiligten geltend gemacht werden. In der Praxis sind bisher nur extreme Verstöße anerkannt worden, wie beispielsweise eine Wahl durch Zuruf oder eine Wahl ohne Bestellung eines Wahlvorstands.

N. Ist ein Betriebsrat besonders geschützt?

§§

§ 78 BetrVG Benachteiligungsverbot

In der Theorie ist es ganz einfach:
Die Betriebsräte dürfen in ihrer Arbeit als Betriebsrat nicht gestört und wegen der Ausübung des Betriebsratsmandats nicht behindert werden. Sie dürfen wegen dieser Tätigkeit auch weder benachteiligt noch begünstigt werden, was auch ihre berufliche Entwicklung umfasst (§ 78 BetrVG).

Praxis

Aber es fängt schon damit an, dass meistens in der Realität die Betriebsratstätigkeit zu der normalen Tätigkeit hinzukommt. Nach einer Betriebsratssitzung liegt eben die Arbeit weiter auf dem Schreibtisch, die sich vorher dort befunden hat. In den wenigsten Fällen wird wohl die Betriebsratstätigkeit in der Personalplanung tatsächlich berücksichtigt.

Gleiche berufliche Entwicklung

In der Praxis ist insbesondere für Betriebsräte, die von ihrer bisherigen Tätigkeit vollständig freigestellt sind, der Benachteiligungsschutz eine schwierig zu handhabende Regelung. Wie kann sichergestellt werden, dass ihre berufliche Entwicklung und damit natürlich auch ihr Entgelt angemessen steigt? Es soll auf andere Beschäftigte, die ehemals in ähnlichen Tätigkeitsbereichen arbeiteten, abgestellt werden. Deren berufliche Entwicklung wird nachgezeichnet und auf die freigestellten Betriebsräte übertragen. Da in der Regel niemand im Personalbereich, dies automatisch macht, müssen die Betriebsräte immer wieder einen Antritt machen, damit ihr Einkommen angepasst wird und sie entsprechend ihren Kolleginnen und Kollegen höher gruppiert werden.

Gleiche Chancen

Das Benachteiligungsverbot endet nicht mit der Beendigung des Betriebsratsamtes. Es reicht darüber hinaus, da dem ehemals freigestellten Betriebsrat auch eine der während der Freistellung erreichten Vergütungsgruppe entsprechende Tätigkeit nach dem Amtszeitende anzubieten ist (BAG vom 26.10.1975 in AP Nr. 1 zu § 78 BetrVG 1972). Das Verfahren zur Realisierung der Gleichbehandlung insbesondere im Hinblick auf fehlende Beurteilungen liegt im pflichtgemäßen Ermessen des Unternehmens. Betriebsräten kann nur angeraten werden, auch während der Amtszeit an Qualifikations- und Fortbildungsmaßnahmen im Unternehmen teilzunehmen.

Keine Vorteile

Betriebsräten dürfen aber wegen dieser Tätigkeit auch keine Vorteile gewährt werden. Aus dem Begünstigungsverbot folgt, dass obwohl die Betriebsratstätigkeit als sehr »hochwertige« Tätigkeit anzusehen ist, keine Eingruppierung nach dieser Tätigkeit erfolgt. Aber auch andere Begünstigungen, wie beispielsweise ungerechtfertigte Beförderung oder die Zahlung überhöhter Entschädigungen ist unzulässig. Durfte aber vor der Freistellung beispielsweise ein Dienstwagen auch privat genutzt werden, so bleibt diese Recht während der Freistellung bestehen (BAG vom 23.06.2004 in AP Nr. 139 zu § 37 BetrVG).

I. Versetzungsschutz

Besonderer Schutz

Betriebsratsmitglieder sind gemäß § 103 Abs. 2 BetrVG vor Versetzungen, die zu einem Verlust des Amts oder der Wählbarkeit führen würden, in besonderer Weise geschützt. Möchte das Unternehmen Betriebsratsmitglieder an einen anderen Arbeitsplatz in einem anderen Betrieb oder an einem anderen Arbeitsort beschäftigen, so sind folgende Voraussetzungen zu erfüllen:

§§

§ 103 Abs. 2 BetrVG

- die Maßnahme muss aus dringenden betrieblichen Gründen notwendig sein

und

- der Betriebsrat muss zustimmen oder
- das betroffene Betriebsratsmitglied hat der Versetzung zugestimmt.

Ersetzung durch das Arbeitsgericht

Die fehlende Zustimmung des zuständigen Betriebsrats kann durch das Arbeitsgericht ersetzt werden. Dabei hat das Gericht die betrieblichen Gründe gegen die betriebsverfassungsrechtliche Stellung der betroffenen Person abzuwägen.

Zu Fragen ist der Betriebsrat dem die/der Betroffene angehört. Da die Vorschrift nicht nur die Unabhängigkeit des einzelnen Betriebsratsmitglieds sichert, sondern die Arbeitsfähigkeit des gesamten Gremiums, hat der Betriebsrat komplett zu entscheiden.

Entscheidung des BR

Der Betriebsrat hat bei der Frage, ob er einer Versetzung, zustimmen kann, eine Interessenabwägung zwischen den Interessen des Betriebsrats als Gremium, den Interessen des Betriebsratsmitgliedes und den betrieblichen Belangen vorzunehmen.

II. Kündigungsschutz

§§

§ 103 BetrVG § 15 KSchG Kündigungsschutz

Aus welchen Gründen auch immer, wurde der besondere Kündigungsschutz für Betriebsräte, Ersatzmitglieder und Wahlvorstände, Wahlbewerber sowie die JAV aufgeteilt. Wir finden in § 103 Abs. 1 BetrVG eine Schutzregelung vor außerordentlichen Kündigungen und im § 15 KSchG die Schutzregelung vor ordentlichen Kündigungen.

1. Ordentliche Kündigung

§ 15 KSchG

Die ordentliche Kündigung ist gemäß § 15 Abs. 2 KSchG gegenüber Mitgliedern des Betriebsrats oder der JAV unzulässig. Gegenüber dem Wahlvorstand ist sie vom Zeitpunkt seiner Bestellung bis zur Bekanntgabe des Wahlergebnisses und gegenüber dem Wahlbewerber vom Zeitpunkt der Aufstellung des Wahlvorschlags bis zur Bekanntgabe des Wahlergebnisses gemäß § 15 Abs. 3 KSchG unzulässig.

Nachwirkungen

Der Kündigungsschutz des § 15 Abs. 2 KSchG wirkt für die Zeit nach Beendigung des Betriebsratsamtes nach. Die Kündigung ist grundsätzlich für ein Jahr nach der Amtszeit unzulässig. Dies gilt nicht, wenn ein Grund für eine außerordentliche Kündigung vorliegt oder die Amtszeit auf Grund einer gerichtlichen Entscheidung endete. Der Kündigungsschutz entfällt also, wenn der Betriebsrat entweder nicht wirksam gewählt worden war oder aus Gründen in der Person des Betriebsrats die Amtszeit beendet wurde. Aus derartigen Unregelmäßigkeiten sollen keine besonderen Schutzrechte resultieren.

Für den Wahlvorstand und den Wahlbewerber wirkt der Kündigungsschutz sechs Monate nach Bekanntgabe des Wahlergebnisses nach, ebenfalls mit der Ausnahme der Berechtigung einer außerordentlichen Kündigung.

Auch Ersatzmitglieder

Ersatzmitglieder werden im Kündigungsschutzgesetz nicht erwähnt. Sie erhalten jedoch den Schutz des Betriebsratsmitgliedes, für die Zeit, in der sie das verhinderte Mitglied vertreten. In diesem Zeitraum sind sie nämlich selbst Betriebsräte. Der Kündigungsschutz des Ersatzmitgliedes endet mit der Beendigung der Ersatzmitgliedschaft, daran schließt sich aber der nachwirkende Kündigungsschutz für die Dauer eines Jahres an. Dies ist unabhängig davon, wie lange die Vertretung gedauert hat (BAG vom 08.09.1986 in AP Nr. 26 zu § 15 KSchG).

2. Außerordentliche Kündigung

Erschwerte fristlose Kündigung

Keine Nachwirkung

Der Schutz von außerordentlichen (fristlosen) Kündigungen ist für Betriebsräte, Mitglieder der JAV, den Wahlbewerbern oder den Wahlvorstand nicht absolut gegeben, sondern nur in so weit, als der Betriebsrat der außerordentlichen Kündigung nicht zustimmt und diese Zustimmung auch nicht durch eine arbeitsgerichtliche Entscheidung ersetzt wurde (§ 103 Abs. 2 BetrVG). Der Schutz endet mit dem Amt. Eine Nachwirkung (wie bei ordentlichen Kündigungen) ist nicht vorgesehen.

Fristen

Will das Unternehmen eine Person des geschützten Personenkreises außerordentlich kündigen, so hat sie gemäß § 103 Abs. 1 BetrVG die Zustimmung des Betriebsrats einzuholen. Der Betriebsrat hat innerhalb von drei Tagen (BAG vom 18.8.1977 in AP Nr. 10 zu § 103 BetrVG 1972) nach Eingang des Antrages zu reagieren. Äußert er sich nicht, gilt seine Zustimmung nicht als ersetzt, sondern wie im Fall der begründeten Zustimmungsverweigerung kann dann das Unternehmen einen Antrag beim Arbeitsgericht auf Ersetzung der Entscheidung des Betriebsrats stellen.

Keine Begründungspflicht

Zuständiger Betriebsrat

Das betroffene Mitglied darf bei der Beratung und Abstimmung nicht anwesend sein, es ist für diesen Fall das Ersatzmitglied zu laden. Für die Begründung eines Widerspruchs ist der Betriebsrat nicht auf bestimmte Gründe beschränkt. Er hat die Interessen der betroffenen Personen und die Interessen des Gremiums zu berücksichtigen. Da die fehlende Zustimmung ebenfalls als Verweigerung gilt, ist er nicht verpflichtet, seine ablehnende Entscheidung überhaupt zu begründen. Allerdings dürfte es für das gerichtliche Ersetzungsverfahren sehr hilfreich und zweckmäßig für die betroffene Person sein, wenn der Betriebsrat seine Entscheidung begründet. Zuständig ist der Betriebsrat, dem die/der Beschäftigte angehört.

Weitere Frist

Nach Ablauf der Drei-Tages-Frist kann das Unternehmen einen Antrag auf Ersetzung der Zustimmung des Betriebsrats beim zuständigen Arbeitsgericht zu stellen. Dabei ist zu beachten, das die Frist des § 626 Abs. 2 BGB weiter läuft. Danach ist die außerordentliche Kündigung unwirksam, wenn sie nicht innerhalb von zwei Wochen nach Kenntnis der Tatsachen, auf die die Kündigung gestützt wird, dem zu Kündigenden zugeht. Das Beteiligungsverfahren hemmt diese Frist nicht. Der Antrag beim Arbeitsgericht muss innerhalb dieser Frist zugehen. Dieser Antrag bewirkt, dass nach dessen Eingang bei dem Gericht die Frist gehemmt ist.

Nur aktive BR

Der Schutz des § 103 Abs. 1 BetrVG erstreckt sich auch auf Ersatzmitglieder, für die Zeit, in der sie in den Betriebsrat zeitweise oder vollständig nachgerückt sind. Auch bei Ihnen gibt es keine Nachwirkung.

Ersetzung möglich

In dem Ersetzungsverfahren vor dem Arbeitsgericht ist der betroffenen Beschäftigte Beteiligter. Die Entscheidung des Arbeitsgerichts nimmt quasi das spätere Kündigungsschutzverfahren vorweg, da es für dieses bindend ist (BAG vom 24.04.1975 in AP Nr. 3 zu § 103 BetrVG 1972).

Solange das Verfahren beim Arbeitsgericht läuft, ist das Betriebsratsmitglied nicht daran gehindert, sein Amt auszuüben. Erst mit der rechtskräftigen Entscheidung wird die Kündigung wirksam und damit endet dann das Amt als Betriebsrat.

III. Ersatzmitglieder

Ausübung von Ehrenämtern

Neben den Betriebsräten zählen auch Ersatzmitglieder zum geschützten Personenkreis, soweit sie dem Betriebsrat angehören. Dabei müssen sie nicht auf Dauer nachgerückt sein, da die Regelung auch schon Anwendung findet, wenn sie Betriebsrat auf Zeit waren (z.B. nur für eine Betriebsratssitzung).

BAG 9.11.1977

Wie die ordentlichen Betriebsräte sind sie vor fristlosen Kündigungen nur in der Zeit der Amtsausübung in gewissem Umfang geschützt. Der Schutz vor fristgemäßen Kündigungen wirkt dagegen ein Jahr nach (BAG vom 9.11.1977 in AP Nr. 3 zu § 15 KSchG). Damit erwirbt also ein Ersatzmitglied mit der Vertretung eines Betriebsrats in einer Sitzung einen nachwirkenden Kündigungsschutz von einem Jahr.

Verzeichnis der Musterbriefe und -formulierungen
(Die angegebenen Zahlen bezeichnen die Seiten des Buches)

Stichwortverzeichnis
(Die angegebenen Zahlen bezeichnen die Seiten des Buches)